平凡社新書
1010

幕末の先覚者 赤松小三郎

議会政治を提唱した兵学者

安藤優一郎
ANDŌ YŪICHIRŌ

HEIBONSHA

幕末の先覚者　赤松小三郎●目次

プロローグ――幕末史から消されていた憂国の志士

慶応三年（一八六七）一一月一五日、土佐藩の坂本龍馬は明治維新をみることなく凶刃にたおれたが、約二ヵ月半前の九月三日に同じ京都で非業の死を遂げた憂国の志士がいた。信州上田藩士の赤松小三郎という人物である。

龍馬と言えば土佐藩の枠を超えた行動力に加え、その先進的な思想が多くの人々に知られている。西洋をモデルに公議輿論《こうぎよろん》を汲み上げる機関として議会制度の導入を訴えたが、そのシンボルこそ龍馬の代名詞として知られる「船中八策」だった。公議輿論とは世間一般で交わされる政治上の議論を指す言葉であり、五箇条の御誓文の条文として知られる「万機公論ニ決スベシ」の公論と置き換えても良い。

しかし、龍馬よりも早く、議会制度の導入に象徴される新国家構想を唱えたのが洋学者で兵学者の小三郎である。その構想は同時代の先覚者の誰よりも先進的で、かつ具体的な内容をともなっていた。

例えば、選挙で選ばれた議員から構成される議政局の決議は政府たる朝廷よりも勝ると規定したのは、他の先覚者にはみられない。議政局が議会にあたるが、議会に官吏の人事権を持たせていることも同じく画期的だ。官吏の人選や議員の選出にあたっては家柄や身分を考慮してはならないとしており、身分制の廃止を見据えた提起にもなっていた。

こうした先進的な思想はアメリカの政治制度をモデルとしていたが、その際に参考にしたのが福沢諭吉の『西洋事情』だった。福沢と違って洋行経験はなかった小三郎だが、福沢の解説に加えて外国人と直接交流する機会を持ち得たことで、先進的な思想を立案できたのである。

赤松小三郎（上田市立博物館蔵）

小三郎は上田藩の枠にとどまらず、国事に奔走する志士として活動するが、そのきっかけは京都で兵学塾を開いたことだった。京都では他藩の依頼に応えて藩邸に出入りし、英式兵制に基づく調練を指導したが、その藩こそ幕末の政局で存在感を高めていた薩摩藩なのであった。軍事力の強化を目指す薩摩藩は英式兵制に通じる小三郎に白羽の矢を立て、いわば軍事顧問として招聘した。

小三郎は京都藩邸に出入りして薩摩藩士たちに兵学を教授し、英式調練も指導した。来る戊辰戦争では小三郎が手塩にかけた藩士たちが各地で奮戦し、その勝利に大きく貢献することになる。

憂国の志士として新国家のグランドデザインを提起した小三郎はその一方、内戦回避のため、幕府や諸藩のあいだを奔走するが、それゆえに薩摩藩の猜疑心を招く。薩摩藩の軍事機密に通じていたことが仇となったのだ。幕府側に軍事機密が漏洩することを危惧した薩摩藩は幕府が放ったスパイの嫌疑をかけ、攘夷の志士による天誅《てんちゅう》に偽装する形で殺害してしまう。

スカウトした小三郎の命をみずから奪ったことは、薩摩藩にとって触れられたくない歴史となる。そのため、薩摩・長州藩を主役とする幕末史からは存在自体が意識的に消され、注目を浴びにくくなっていることは否めない。

小三郎に注目した著作としては、昭和一四年（一九三九）刊行の柴崎新一『赤松小三郎先生』（信濃教育会編。平成二七年に復刻）、同四九年（一九七四）刊行の『維新の信州人』（信濃毎日新聞社）に収められた小林利通「赤松小三郎――議会政治の先唱者」が先駆的なものとして挙げられる。特に注記しない限り、赤松に関する本書の記述は両書に多くを負っている。

平成一二年（二〇〇〇）に上田市立博物館が刊行した『赤松小三郎 松平忠厚——維新変革前後 異才二人の生涯』には、赤松の遺した貴重な史料などが数多く収録されている。同二八年（二〇一六）には関良基『赤松小三郎ともう一つの明治維新——テロに葬られた立憲主義の夢』（作品社）も刊行されて関心も徐々に高まりつつあるが、赤松に関する研究は依然として少ない。

本書は激動の幕末を駆け抜けた上田藩士赤松小三郎の生涯を追いかけることで、知られざる時代の先覚者が果たした歴史的役割を解き明かすものである。

各章の内容は次のとおりである。

第一章「上田藩に生まれる——学問に励む日々」では、出身藩の上田藩の歴史を踏まえながら、小三郎の青少年期を追う。上田藩の藩主である松平家は老中など幕府の要職に就任できる譜代大名だが、下級藩士の家に生まれた小三郎は平時ならば世に出ること自体、難しい境遇にあった。それが学問に励み、国事に奔走する志士として活動する原点となる。

第二章「勝海舟との出会い——長崎での日々」では、小三郎が勝海舟の従者として長崎海軍伝習所で過ごした日々に注目する。オランダの軍人から兵学を学び、オランダの兵学書を翻訳出版したことで、洋学者そして兵学者としての基礎を培う日々となったが、伝習の成果としてアメリカに向かった咸臨丸《かんりんまる》への乗船は叶わなかった。だが、小三郎の政治思想に大きな影響を与える中津藩士福沢諭吉は乗船を許され、啓蒙思想家としての礎を築いた。

第三章「英式兵制と横浜居留地——内戦の勃発」では、自分の運命を変えることになる英語と英式兵制を学びはじめる過程に焦点をあてる。上田藩が第一次長州征伐への従軍を命じられたことで、小三郎は開港地横浜で武器弾薬の調達に奔走するかたわら、イギリス公使館付の武官アプリンを通じて英語や英式兵制を学んだ。洋行経験がなかった小三郎にとって、イギリス軍人と直接話せる機会を得たことは大きかった。

第四章「幕末政局の舞台・上方に向かう——薩摩藩の接近」では、小三郎が政局の舞台となった京都で兵学塾を開き、薩摩藩の依頼に応えて英式兵制に基づく調練を指導した背景を解き明かす。当時はイギリスが世界の覇権を握る強国であることが知れ渡り、英式兵制を導入する藩が増えていたが、その筆頭格の藩こそ薩摩藩であった。

第五章「憂国の志士として奔走する——雄藩の合従連衡」では、憂国の志士として幕府や雄藩のあいだを奔走しはじめた姿を描く。薩摩藩を仕掛け人とする雄藩連合の動きに政治変革の時節が到来したとみた小三郎は、議会制度の導入を柱とする新国家構想を幕府や薩摩藩、福井藩に建白した。

第六章「非業の死——小三郎が夢見た新国家」では、薩摩藩の猜疑心を受けて志半ばに非業の死を遂げた小三郎の最期を追う。幕府と薩摩藩のあいだで繰り広げられた権力闘争の犠牲者となるが、小三郎が提唱した新国家構想が明治政府にどういう形で受け継がれたかを考察していく。

エピローグ「赤松小三郎の遺産」では、小三郎の生涯を総括し、その歴史的役割を検証する。

以下、知られざる先覚者である上田藩士赤松小三郎の生涯を通じて、歴史教科書には記述されていない幕末史を描き出す。

第一章　上田藩に生まれる——学問に励む日々

第一節　上田藩松平家の歩み

松平家入封前の上田藩

赤松小三郎が生まれ育った上田城下の歴史は、織田信長が明智光秀のため自害に追い込まれた本能寺の変ののちにはじまる。その翌年にあたる天正《てんしょう》一一年（一五八三）に、上田を含む信濃小県《ちいさがた》郡を支配していた戦国武将の真田昌幸《さなだまさゆき》が上田城を築いた。

川中島の戦いに象徴されるように、北信濃は戦国大名による激しい争奪戦の舞台となっており、信長の死後は越後の上杉家、関東の北条家、東海の徳川家が攻防戦を繰り広げた。川中島の南にあたる小県郡を支配する昌幸は、徳川家つまり家康の傘下に入ることで越後から南下してきた上杉家に対抗しようと目論んだ。その援助を受け、小県郡を支配するのに都合が良い上田盆地に築城した。

ところが、上田築城後に昌幸は家康との断交に踏み切る。その報復とばかりに同一三年（一五八五）、徳川勢が攻め寄せるが、小勢の真田勢の前に思わぬ敗北を喫する。慶長《けいちょう》五年（一六〇〇）にも徳川勢がふたたび攻め寄せるが、またしても上田城を攻略できなかった。

二度にわたって徳川勢を退けたことで、上田城は家康にとりいわば黒歴史となる。それゆえ、関ヶ原合戦後に天下人の座に就いた家康からは城郭の破却を命じられ、初代上田藩主となった昌幸の嫡男信之《のぶゆき》はやむなく上田城三の丸に屋敷を構えて藩政を執った。元和《げんな》八年（一六二二）に真田家は信濃松代《まつしろ》へ転封となり、東隣の小諸城から仙石《せんごく》家が上田城に入った。上田藩仙石家のはじまりである。

寛永《かんえい》三年（一六二六）、仙石家は幕府の許可を得たうえで上田城を再建する。埋め立てられていた堀を掘り下げ、石垣を積み、本丸の土塁や石垣の上に櫓や塀を建てた。あわせて城下町を整備し、ここに小三郎が育った城下が造り上げられる。

上田藩仙石家の歴史は八〇年ほどで終わる。宝永《ほうえい》三年（一七〇六）、幕府は仙石家を但馬出石《いずし》へ、出石藩松平家を上田にそれぞれ転封した。上田に入封した松平家が、そののち国替えを命じられることはなく、明治に入って廃藩置県が断行されるまで上田藩松平家の歴史が続いた。上田に入封した当時の石高は五万八〇〇〇石だが、享保《きょうほう》一三年（一七二八）に所領五〇〇〇石を割いて旗本として分家させた家があったため、石高は差し引き五万三〇〇〇石となる。

信濃には二〇近くもの藩があったが、松代藩真田家を除きいずれも一〇万石に満たなかった。そのほか、信濃以外にある藩の飛び地、幕府領、旗本知行所、善光寺や諏訪大社などの寺社領が点在していた。

譜代大名藤井松平家と十八松平

小三郎の主君である上田藩主松平家は譜代大名だった。

大名は幕府を率いる徳川将軍家との関係で、親藩大名・譜代大名・外様大名の三つに類別された。時期により推移はあるが、幕末の頃、大名の総数は二七〇名弱で、親藩大名は二〇名強、譜代大名は一五〇名弱、外様大名は一〇〇人弱である。

親藩大名は徳川御三家など徳川一門の大名、譜代大名は徳川家に年来仕えてきた家臣を取り立てた大名を指す。外様大名は家康が関ヶ原の戦いを経て天下人の座に就いたことで、臣下の礼を取らせた大名だった。

松平家は親藩大名と譜代大名に二分される。のちに小三郎が建白書を提出する越前福井藩主松平春嶽《しゅんがく》は家康の子孫を藩祖とするため、幕府からは親藩大名と位置付けられたが、上田藩主松平家は家康と同族に過ぎないということで譜代大名にとどめられた。

永禄《えいろく》九年(一五六六)まで、家康の苗字は徳川ではなく松平だった。家康の代に徳川に改姓したが、それには以下のような事情があった。

松平家は三河国加茂郡松平郷の出身だが、初代当主は親氏《ちかうじ》という。その後、泰親《やすちか》―信光《のぶみつ》―親忠《ちかただ》―長親《ながちか》―信忠《のぶただ》―清康《きよやす》―広忠《ひろただ》―家康と続いた。

家康は九代目松平宗家当主だったが、三代信光から六代信忠までのあいだに幾つもの分家が枝分かれした結果、「十八松平」と称される一族が形成された。分家の各松平家は松平郷の周辺に拠点を構築して勢力を広げつつ、宗家つまり松平惣領家を一門として支えることが期待された。

松平家の各分家は苗字の前に支配地をつけることにより、一族内で互いに区別していた。三代信光の時代に生まれた分家は深溝《ふこうず》松平家、能見《のみ》松平家など七家。四代親忠の時代に大給《おぎゅう》松平家、滝脇《たきわき》松平家が誕生したという具合だ。上田藩主となる松平家は五代長親の時代に枝分かれし藤井松平家と称された分家である。

松平家は家康の代に三河統一を実現する。三河一国を支配する戦国大名として自立したが、その裏では松平一族（十八松平）の統制に苦しみ続けた。

そのため、惣領家のもとに一族を完全に従属させることで、みずからの立場を確固たるものにしようとはかるが、その象徴として松平からの改姓を目論んだ。

そこで選ばれたのが、清和源氏（新田家）の流れを汲むことを示す徳川（得川）という苗字だった。永禄九年、家康は朝廷から徳川への改姓を許可される。家康が三河国の支配を意味する三河守に叙任されるには、源氏の流れを汲む由緒ある苗字への改姓が不可欠という事情も背景にあった。

朝廷から徳川への改姓を許可され、あわせて三河守に任命されたことで、家康は名実ともに三河の大名として公認された。言い換えると、松平惣領家当主たる家康は一族の各松平家との格差を明確にすることで、惣領家改め徳川家との関係を主従関係に切り替えようとしたのである。

その後の松平一族については、すべて大名に取り立てられたのではなかった。所領が一万石に満たない旗本もいた。途中で断絶した分家もあった。一万石以上に取り立てられた松平家は十八松平のうち七家のみで、上田藩主となった藤井松平家はその一つだった。

ただし、幕府は松平一族から取り立てた大名は徳川一門の親藩大名とは認めず、譜代大名にとどめた。徳川家に年来仕えてきた家臣のうち、一万石以上の石高を与えた者たちと同列に位置付けたのだ。

大老や老中を筆頭に、幕府の役職に就けるのは譜代大名に限られた。親藩大名は将軍からの特命がない限り、幕政には関与しないのが原則であった。外様大名も親藩大名と同じく幕政に関与する道は封ぜられたが、後述するとおり、幕末に入ると幕政進出を目指すようになる。

上田藩松平家の初代藩主となった松平忠周《ただちか》は、享保九年（一七二四）に京都所司代から老中に栄転したが、歴代藩主で幕政のトップ・老中にまで昇ったのは忠周と、小三郎の主君となる忠優《ただます》の二人だけだった。忠優は二度、老中の座に就いており、一度目は松平忠優、二度目は松平忠固《ただかた》と改名して幕政トップの座に立った。

第二節　小三郎誕生

小禄の藩士芦田家に生まれる

天保《てんぽう》二年（一八三一）四月四日、小三郎は上田藩士芦田勘兵衛《あしだかんべえ》、妻志賀の次男として城下の木町《きまち》で生まれた。幼名は清次郎。芦田家を継ぐ兄の柔太郎《じゅうたろう》、姉くにの三人兄弟だった。のちに、小三郎は同じ家中の赤松家に養子入りする。主君は六代目藩主の松平忠優で、まだ幕府の役職には就いていない時代だった。

芦田家は一〇石三人扶持という小禄の藩士で、まさに下級藩士であった。生活は苦しかったが、それだけではない。

江戸時代は幕府や藩を問わず、当人の禄高と就ける役職は比例していた。要するに、禄高が少なければ、立身出世して要職に就くことなど夢のまた夢だった。逆に高禄ならば、当人にその能力がなくても要職に就けた。上田藩家老の家に生まれれば、自動的に家老の座が約束された。世襲である。

小三郎の思想に大きな影響を与える福沢諭吉も小禄の中津藩士の家に生まれた。福沢家の家禄は一三石二人扶持に過ぎず、芦田家とほぼ同じと言ってよい。福沢の父百助《ひゃくすけ》は天下の台所・大坂に廻送された藩の年貢米を管理・換金する部署の役人で、有能な人物として周囲からの評価も高かったが、それ以上の役職に就くことはなかった。

というよりも、就けなかったのである。いくら職務に精を出しても出世は望めず、下級藩士のまま生涯を終える。

この時代は、生まれた家で生涯の身分や地位が自動的に決まってしまう時代である。いわゆる門閥制度の時代だったが、何か卓越した技量を持っていれば風穴があけられる時代でもあった。学問もその範疇である。

福沢の名言の一つに、「門閥制度は親の敵《かたき》で御座る」（『新訂福翁自伝』岩波文庫）というフレーズがある。立身出世できなかった父の無念を思う心情がよく伝わってくる言葉だが、そんな反発心をバネにする形で、福沢は修得したオランダ語そして英語を武器に中津藩士から幕臣へと栄転を遂げる。それは、父が果たせなかった立身出世の夢を果たしたことを意味した。

そうした事情は小三郎にもよくあてはまる。西洋の兵学を修得することで上田藩のみならず、幕府や薩摩藩、会津藩などにその力量を認められ、幕末史にも名を残す存在となるのである。

藩校と数学塾に学ぶ

小三郎の父芦田勘兵衛は、藩校明倫堂《めいりんどう》で句読師《くどくし》を務めていた。教官として、藩の文教部門を現場で担った。

当時、諸藩は藩校を設立するのが習いだった。大名という家を維持するには優秀な家臣団を育成することが不可欠であり、諸藩は総じて藩士の子弟教育に力を入れる。藩校を建設して子弟を学ばせることで、主君に忠誠を誓う有能な家臣を育てようとした。

藩校のなかでも、のちに小三郎が洋学校の顧問を務める親藩大名の会津藩松平家では、享和三年（一八〇三）に五代目藩主の松平容頌《かたのぶ》が日新館《にっしんかん》を創立している。日新館は文武両道を教授する総合学校で、藩士の子弟は一〇歳になると入学が義務付けられた。学費の負担はなく、修学にともなう費用は藩持ちだった。生徒の総数は一〇〇〇人から一三〇〇人ほどである。

日新館では論語《ろんご》、孟子《もうし》、大学《だいがく》、中庸《ちゆうよう》といった中国の古典を教えた。いわゆる儒学《じゆがく》である。武芸を修練させる場でもあったことから、剣術や槍術はもちろん水泳も稽古させている。武道場の他に水練水馬池《すいれんすいばいけ》という名のプールがあって、鎧を身に着けて泳ぐ練習までさせた。日新館で文武両道を学ぶことで、質実剛健な会津藩士に成長するのであり、白虎隊の隊士も日新館教育の賜物だった。

上田藩が藩校を城下に創設したのは文化一〇年（一八一三）のことで、五代目藩主の忠学の時代である。文学校と武学校から成っていたため、「文武学校」と称された。文武両道を目指す意味が込められた校名だが、文学校の方は明倫堂とも呼ばれた。

天保一三年（一八四二）から、小三郎は文武学校に通いはじめる。その一方、叔父にもあたる和算家（数学者）の藩士植村重遠《うえむらしげとお》の塾に兄と一緒に通った。

小三郎は植村の手ほどきを受け、数学を得意とするようになる。藩校に通いながら、別に数学も学んだのであり、学問好きの少年の姿が浮かび上がってくる。実父が藩校の教官を務めていた家庭環境の影響も大きかったはずだが、学問を修めることで立身し、上田藩内では底辺に位置した境遇から脱したい強い意思がみてとれる。

小三郎は兄柔太郎とは正反対の性格を持っていたという。柔太郎は謹厳実直な学者気質だったのに対し、小三郎は自分の意思を枉《ま》げない豪放磊落《ごうほうらいらく》な気質の持ち主であった。眼光鋭く、行動的な人物でもあった。そうした性格が、小三郎をして上田藩の制止を振り切る形で国事に奔走する志士たらしめたが、非業の死にたおれる遠因になったことも否めないだろう。

江戸遊学と兵学者への道

上田藩に限らず、藩校で優秀な成績を挙げた藩士には江戸での勉学が許されるのが当時の慣例である。これを俗に「江戸遊学」と称した。

江戸で塾を開く高名な学者の門を叩き、スキルアップを目指したのである。幕府の学問所である昌平黌《しょうへいこう》への通学を特別に許される者もいた。塾や昌平黌で学ぶ有為の幕臣や藩士との交流を深めることで、藩内では得られない人脈が培えるメリットも江戸遊学にはあった。

江戸で人脈が得られただけではない。努力と運次第で名を上げることも充分可能であった。将軍の御膝元江戸で注目されれば、幕府から声がかかって幕臣に登用されることも決して夢ではない。出身の藩からも注目されるだろう。いずれにせよ、立身出世のチャンスが広がるのであり、藩士にとり江戸遊学は憧れの的だった。

小三郎が江戸遊学を許されたのは嘉永元年（一八四八）のことである。まだ一八歳だった。藩主の忠優が老中の座に就いた年でもあった。

江戸遊学を許されるには成績優秀であることが必要だが、一八歳で許可されていることからも、藩は小三郎の俊才ぶりを認めていた。江戸遊学が都合五年ほどにおよんだことからも、その将来に大きく期待していたことは明らかである。

江戸遊学の場合、江戸藩邸内の長屋で起居し、江戸で塾を開く高名な学者や昌平黌のもとに通うことになる。上田藩の場合は遊学の手当として米三石か五人扶持が別に与えられたが、生活難のため苦学を強いられた下級藩士にとって実に有難いシステムだった。

ただし、藩からすると、江戸遊学という名の公費留学は藩士の能力を向上させて藩政に役立たせるための投資であった。幕府から登用の声がかかるのは、当人にしてみるとこの上ない名誉だが、藩側にとっては有為の人材を奪われることにほかならない。それまでの投資も無駄になってしまう。

後年、幕府は小三郎を登用したいと申し入れたが、上田藩はこれを拒否している。こうした経緯を踏まえれば、当然の対応と言えなくもない。

江戸に出府した小三郎は、和算家で幕臣の内田五観《いつみ》が開いていた瑪得瑪第加《まてまちか》塾という名の数学塾に入る。内田は和算家で知られた関孝和《せきたかかず》を祖とする関流和算を修め、蛮社の獄で知られる高野長英《たかのちょうえい》に蘭学を学んだ人物だった。

内田の塾で数学の勉強に励んだ小三郎は、名のある門下生二三人のなかで第二位の実力を誇ると評価されるまでに至る。さらに、測量・天文・暦学・地理といった理系の学問に加え、蘭学《らんがく》も学んだ。蘭学とはオランダ語で書かれた書物を通じて西洋の学術を研究しようとした学問のことである。

当時、日本に輸入可能な洋書はオランダ語で書かれた書物だけで、西洋の学問に接するにはオランダ語で読むことが不可欠だった。小三郎はオランダ語の読み書きの修得も目指したのだ。

そのかたわら、内田の著書などをせっせと筆写した。筆写された書籍は小三郎の書簡や日記などとともに、上田市立博物館に現在所蔵されている。特に注記しない限り、本書で引用する小三郎関係の資料は同博物館所蔵である。

江戸遊学中、小三郎は遊学仲間の藩士たちと同室で起居したが、仲間の雑談に加わることはなく、部屋の片隅で横になっていることが多かったようだ。だが、仲間が眠りについて室内が静まると、起き出して行燈の灯りをつけて深夜まで書籍を読んだ。灯りが漏れないよう、着ている衣服をもって覆いかぶさるようにして書見に励んだ。勉学に励むとともに、自分の信じた道を突き進む性格も滲み出ている姿と言えよう。

ペリー来航の前年にあたる嘉永五年（一八五二）には、幕臣で高島流砲術家として知られた下曾根信敦《しもそねのぶあつ》（金三郎）の塾に入門する。下曾根は砲術や西洋の兵制に詳しい兵学者でもあったことから、この頃より小三郎が兵学者への道を歩みはじめていたことがわかる。

小三郎自身の意思だけでなく、藩命に基づく入門だったかもしれない。ペリー来航前から、相次ぐ外国船の来航に備えた軍備強化は幕府も痛感するところだった。老中でもあった藩主の忠優はこの年、高島流の砲術を学んだ藩士をして大砲の製造にあたらせており、すでに上田藩の軍備強化に着手していた。

海防強化には大砲が決め手になる以上、当時は砲術の需要が高まるいっぽうだった。入門の経緯は定かではないが、小三郎はそうした時流をしっかりと見据えていたはずである。

なお、上田にいた兄の柔太郎はすでに教官として藩校で教えていたが、嘉永五年には小三郎と同じく江戸遊学を許され、幕府の昌平黌に入っている。小三郎に勝るとも劣らず、藩から将来を期待された若手の俊才だった。

第二章　勝海舟との出会い

――長崎での日々

第一節　勝への入門

赤松家への養子入り

小三郎の江戸遊学は都合五年にもおよんだが、その最後の年にあたる嘉永六年（一八五三）六月にアメリカ東インド艦隊司令長官ペリー率いる軍艦四隻が浦賀沖に来航した。開国を求めるアメリカ大統領の親書を幕府に受理させたうえで江戸湾を去った。

小三郎の兄柔太郎は、軍艦が錨をおろす浦賀まで同僚の藩士とともに視察に出向いている。その威容に衝撃を受けた柔太郎は在籍していた昌平黌を退所し、佐倉藩の蘭学者手塚《てづか》律蔵《りつぞう》の塾に入門している。

国防に必要な知識を蘭学により修得しようと考えたのだ。小三郎と同じくオランダ語を学びはじめ、その実力は江戸の蘭学者のなかでも知られるようになる。いっぽう、小三郎は江戸遊学を切り上げ、同年秋に帰国の途に就いた。

翌七年（一八五四）一月、ペリーは親書への回答を求めて再来航する。三月には日米和親条約が締結されるが、その頃小三郎は家中の赤松弘の養子となることが決まる。赤松の家禄は一〇石三人扶持であり、同じく下級藩士であった。芦田家の次男である小三郎としては養子先が見つからなければ、部屋住みのまま終わるしかなかったが、運良く養子入りの話がまとまったのである。

若くして江戸遊学を許され、江戸でも内田の数学塾で非凡な能力を発揮していた実績は藩当局も認めるところだったはずだ。養子入りの追い風となったに違いない。養子入りにせよ、家督相続にせよ、藩士の場合は藩の許可が必要であった。

長期におよんだ江戸遊学を切り上げて藩に戻った小三郎を、藩当局は早速登用した。その役職は、「数学助教兼操練《そうれん》世話役」であった。「数学助教」とは藩校で藩士の子弟に数学を教えること、「操練世話役」は兵学の知識を活かした軍事教練の指導のことだろう。

この時、小三郎は赤松家の家督をまだ継いでいなかったが、幕府・藩を問わず、家督の相続前でも優秀ならば役職に就く事例は珍しくない。逆に、家督を継いでも役職に就けないまま終わる者は非常に多かった。

幕臣にせよ藩士にせよ、家禄が保証されていたとはいえ、その過半は役職に就けなかった。幕臣や藩士の数に比べ、役職の数がはるかに少なかったからである。まさしく狭き門だった。

そのため、家督を継いでいない段階で役職に就けたことは、それだけ藩当局から高く評価されていたことを意味した。それも二〇代前半の若さだ。江戸遊学までさせた成果を活かしたい藩の意図も読み取れるだろう。

ところが、小三郎が上田にいたのはわずかの期間だった。ふたたび江戸に出府することになったからである。その理由はよくわからないが、上田藩の軍備強化の一環だったことは間違いない。下曾根信敦に入門して砲術や兵学を学びはじめた小三郎に、さらに研鑽を積ませようとしたのだろう。

小三郎にとって二度目の江戸遊学となるが、今回の遊学先は江戸にとどまらなかった。その足は遠く長崎にまでおよぶのである。

勝に入門した動機

ふたたび江戸に出府した小三郎は、赤坂で兵学・蘭学塾を開いていた幕臣勝海舟に入門する。小三郎の師匠の一人となった勝の軌跡についてまとめておこう。

小三郎が生まれる八年前にあたる文政《ぶんせい》六年（一八二三）に、勝は旗本勝小吉《こきち》の長男として隅田川近くの本所で生まれた。勝家は将軍に拝謁資格のある旗本ではあったが、禄高はわずか四一石に過ぎなかった。

まさに下級幕臣である。父小吉は幕府の役職に就いて功績を挙げ、加増されることを切望するが、無役のまま終わる。生活は苦しく、刀剣のブローカーなどで得た収入で生計を立てた。

青年期の勝は剣術修行に加えて蘭学修業に精魂を込めたが、オランダ語の修得に励んだのは蘭学で身を立てるためではない。オランダ語で書かれた兵学の書物を通じて軍事知識を得ることが目的だった。兵学者として立身することで、現在の境遇から抜け出そうとしたのである。

勝海舟

嘉永三年（一八五〇）に、勝は蘭学と兵学を教授する塾を赤坂に開く。蘭学・兵学塾を開塾してから三年後にペリーが来航するが、そのあいだに勝の名は蘭学界や兵学界で徐々に知れ渡るようになる。藩士を入塾させる藩も現れた。大砲や小銃の製造を依頼してくる藩もあった。

ペリー来航後、幕府は大砲を据え付けた台場の建設を開始するなど、遅まきながら江戸湾の海防に着手するが、老中首座の阿部正弘《あべまさひろ》はこの国難に接し、今までの幕政ではみられなかった方針を打ち出す。対外問題には挙国一致で臨むことが必要という見解のもと、開国を求めてきたアメリカ大統領の親書を諸大名に対して分け隔てなく公開し、広く意見を求めた。

従来、幕政は将軍の家来筋にあたる譜代大名と幕臣団に独占され、親藩大名・外様大名は排除されてきたが、こうした阿部の政治姿勢はその原則をみずから破ることを意味した。親藩・譜代・外様の別にかかわらず広く意見を求め、結果として幕政から排除してきた親藩・外様両大名が政治参加できる道筋を引く歴史的役回りを演じる。

これを受け、諸大名から約二五〇、幕臣からは約四五〇もの上書が提出された。その大半は、開国要求を拒絶すべき、交渉を引き延ばして時間稼ぎをはかるという趣旨の提案にとどまった。軍事的見地に基づく有用な提案ではなかった。

しかし、勝が提出した上書では、江戸湾の大森・羽田・品川・佃島・深川に台場を設けて十字撃ちが可能な防衛体制を敷くことが提案されていた。

軍艦の必要性も説いているが、熟練した乗組員がいなければ軍艦があっても意味はないとして、当面は江戸湾の防備、つまりは砲台の建設が先決と唱えた。その後軍艦を整えて、兵制を西洋式に変えるべきと説いたのだ。

約七〇〇もの上書のなかで勝の提案は際立っており、世に出る直接のきっかけとなった。上書に注目した幕閣からの求めに応じ、さらに五ヵ条から成る上書を提出したが、今回は海防案のみならず、貿易論や政治論にまで踏み込む内容に深化していた。

こうした一連の上書が幕閣から注目され、勝は登用される。父が果たせなかった役職就任の夢を果たした。また、小三郎の主君松平忠優も老中の一人であり、勝を登用した一人と言えよう。

ペリー来航を受けて提出した上書が幕閣に認められ、勝の名はさらに知られることになった。前回の江戸遊学の時は入門していなかったことを踏まえると、今回の上書の評判が小三郎をして勝に入門させた動機となったのかもしれない。

勝は蘭学者の顔も持つ兄柔太郎のことは知っていた。それだけ、柔太郎は蘭学者として名を馳せていたが、その実弟だったことも入門にはプラスに働いたかもしれない。

安政の幕政改革の開始

日米和親条約締結から三ヵ月後の嘉永七年（一八五四）六月、幕府を率いる阿部正弘は幕政改革を実現するための三七ヵ条を起草し、人材の登用や武備の充実に力を入れる方針を示した。この方針のもと、安政《あんせい》の幕政改革と称される諸施策が推進される。嘉永七年一一月に安政と改元されたため、この時期の改革は安政の幕政改革と呼ばれた。

安政の幕政改革は対外危機を背景にしていた以上、人材の登用は海防の充実とセットで進められた。日米修好通商条約の全権となる岩瀬忠震《いわせただなり》、最後の将軍徳川慶喜《よしのぶ》の側近となる永井尚志《ながいなおゆき》、勝とともに江戸開城に立ち会う大久保忠寛《おおくぼただひろ》ら有能な旗本が海防掛に抜擢されていく。

海防掛はペリー来航以前に創設された部署である。外国船の来航が頻繁になっていた社会情勢を背景に設けられたが、ペリー来航を境に、条約の締結などの処理にも携わることになった。国防と外交問題を担う部署として、幕府内の俊才が集められた。

海防掛はさまざまな軍備強化策を阿部に上申したが、その一つに軍事・砲術関係の洋書の購入とその翻訳があった。阿部はこれを承認し、洋学の教育や研究、洋書の翻訳にあたる翻訳調所《ほんやくしらべしょ》（のちの蕃書調所《ばんしょ》）の設置が決まった。

翌安政二年（一八五五）一月、勝は翻訳調所への出役《しゅつやく》が決まった。勝にとっては最初の役職だったが、その直後、大坂湾などを視察する海防調査団のメンバーに抜擢された。そのため、翻訳調所での勤務は視察の任務が終了して江戸に戻った四月からのことになる。

しかし、その期間は半年にも満たなかった。今度は長崎行きを命じられたのだ。勝の門人となっていた小三郎も、その従者として長崎に向かった。

第二節　長崎で得た知識と人脈

長崎派遣の目的

ペリー来航後、幕府は江戸湾に台場を建設するなどの海防策に着手したが、それだけではなかった。海軍力の強化を目論み、ヨーロッパでは唯一来航を許していたオランダに軍艦を注文している。

しかし、オランダは軍艦建造には時間がかかるとして、蒸気船のスンピン号を練習艦として献上すると申し入れてきた。海軍の創設を助言したわけだが、軍艦があっても運用する海軍を持っていなければ意味はない以上、当然の助言と言えよう。

幕府もオランダのアドバイスを受け入れ、海軍士官の養成つまり海軍伝習に必要な教師団の派遣を要請した。教師団を乗せたスンピン号が長崎に入港したのは安政二年六月九日のことで、ここに長崎海軍伝習所創設へのレールが敷かれた。

幕府は教師団の長崎到着を受け、伝習生の選定に入る。幕臣のうち鉄砲方の与力・同心や、浦賀奉行支配下の与力・同心などから選抜されたが、伝習生たちのとりまとめ役（幹部伝習生）を命じられたのが矢田堀鴻《やたぼりこう》、永持亨次郎《ながもちこうじろう》、勝の三人であった。

そして、長崎在勤の海防掛目付永井尚志が海軍伝習を監督することが決まる。永井は阿部に抜擢された旗本の一人だが、のちに小三郎も関わりを持つ人物である。

七月二九日、幕府は長崎で海軍の伝習をうけるよう命じるが、勝は当惑する。陸から軍艦を迎え撃つことに関する知識は持ち合わせていたが、海軍や軍艦については素人同然だったのだ。また、船酔いする体質でもあった。

しかし、幕府の命は断れず、海路長崎へ向かうが、勝の門人となっていた小三郎や上田藩には思いもかけないチャンスとなる。この段階では伝習生は幕臣に限られ、上田藩士の身分では伝習生になれなかったが、勝の従者に化けるという抜け道により、長崎への同行に成功したのである。

もちろん、単に同行しただけではない。員外聴講生（「内侍《うちざむらい》」）という形で海軍の伝習を許されている。

小三郎が幕臣の家臣に化けて長崎に赴くことは、上田藩も承認済みであった。というよりも、藩の要望を幕府がうけいれた結果と見た方が正確だ。

オランダから海軍伝習教師団がやってきたのをこれ幸いと、藩では将来を期待する小三郎に軍事に関する最新知識を修得させようと目論んだのだ。その手段として勝との師弟関係を利用した格好だが、藩主の松平忠優が老中を勤めていたことは大きかっただろう。忠優は西洋文明に理解ある大名であった。それゆえ攘夷派で幕政参与の水戸前藩主徳川斉昭と対立し、小三郎が長崎に行く直前の安政二年八月に斉昭の建議で老中職を解かれてしまう（安政四年九月、斉昭の参与辞任を受けて老中再任）。

このときの長崎行きに際して、藩は出張手当のような形で二人扶持を与え、さらに「組付御徒士《くみつきおかち》」に取り立てる。藩命に基づく長崎遊学であったことのみならず、藩当局の期待の大きさもうかがえる。

長崎海軍伝習所と多彩な伝習生

勝、小三郎、そして伝習生たちが海路長崎へ向かったのは、九月三日のことである。それまで、幕臣が長崎に海路で直行する事例はなかった。陸路を取るのが通例だった。

貿易港の長崎は幕府の直轄地であり、旗本が奉行として派遣された。長崎の都市行政と貿易管理に加え、外交交渉にもあたった長崎奉行は主に二人制が取られ、江戸と長崎で一年交代でそれぞれ勤務した。海軍伝習所は長崎奉行所内の西役所に置かれた。

小三郎たちが乗船した幕府の昌平丸は、元をただせばペリー来航後に薩摩藩が建造した洋式帆船（船長一七間、幅四間）だった。薩摩藩から幕府に献上された船であり、今回の長崎までの航海も同藩が運航を担当した。

昌平丸は品川を出帆したが、長崎までの航海は時化《しけ》や暴風など悪天候に悩まされた。瀬戸内海を経由して下関に入ったのは約一ヵ月後の一〇月七日、長崎に到着したのは、同二〇日のことであった。

この航海中、小三郎は「美美婦久呂《みみぶくろ》」というタイトルの航路日記を記している。同日記によれば、長崎に上陸したのは昼一二時頃で、そのまま伝習所に充てられた奉行所西役所の東長屋に入った。海路組のほか陸路組もいたが、陸路組は二七日に長崎に到着している。

一一月一日より、伝習が開始された。通訳を介しての講義だった。

伝習項目としては航海術、運用術、造船、数学などの座学があった。造船・砲術、船具運用、測量に関しては実地教育が実施された。銃砲の調練もあった。長崎港に停泊する練習艦スンピン号改め「観光丸」も教場に充てられた。ちなみに、勝は航海・造船・数学・砲術・船具・蒸気機関・蘭語の七科目を受講している。

海軍伝習のなかでも特に重視されたのは数学と蘭語の教育で、これは必須とされたが、実は勝は数学が大の苦手だった。いっぽう、小三郎は数学のスペシャリストで、勝が小三郎を従者とすることをうけいれた大きな動機になったようだ。

長崎での海軍伝習は三期にわたり実施された。第一期は安政四年（一八五七）二月までの約一六ヵ月、第二期は同四年一月上旬から翌五年（一八五八）五月上旬までの約一六ヵ月、第三期は同四年九月中旬から六年（一八五九）四月までの約一八ヵ月であった。

当初、伝習生は幕臣のみだった。第一期では御家人身分だった榎本武揚《えのもとたけあき》も学んだが、正規の伝習生ではなく、矢田堀の従者（内侍）として伝習を許されている。員外聴講生として受講したのであり、小三郎と同じ立場だった。榎本は第二期にも継続して学んだが、その時は正規の伝習生になっている。

安政二年一二月からは藩士の伝習も許可された。藩士でみると、薩摩藩、佐賀藩、福岡藩など九州諸藩が多かった。薩摩藩士では明治に入ると海軍卿となる川村純義《かわむらすみよし》。渋沢栄一と並んで実業界の大物となる五代友厚《ごだいともあつ》。佐賀藩士では日本赤十字社長となる佐野常民《さのつねたみ》らがいた。

第一期海軍伝習が終わると、永井や矢田堀は江戸に戻るが、勝は長崎に残留した。引き続き第二期以降の伝習にも加わったため、都合三年以上、長崎に滞在したことになる（藤井哲博『長崎海軍伝習所』中公新書、松浦玲『勝海舟』筑摩書房）。

長期にわたる長崎での生活を通して、勝はオランダの士官から海軍を直接学べただけでなく、伝習生を派遣してきた薩摩藩をはじめ他藩との人脈をおおいに培った。江戸にいては得られなかった人脈であり、勝の国家論にも大きな影響を与えることになった。幕府や藩という枠ではなく、日本という枠組みでの思考法が醸成されたのであり、それは小三郎にもあてはまる。

オランダ兵学書の翻訳

一時期、江戸に戻ったことはあったものの、約三年余にわたり長崎に滞在した小三郎は航海術や測量術のほか、オランダ式兵学などを学んだ。軍事の分野に限らず、西洋の最新知識をオランダ人から直接学べたことは大きかったが、そうした環境がオランダ語の修得においてプラスになったことも見逃せない。後述するような翻訳作業にも活かされたはずだ。

長崎では海軍を含めて西洋の軍事知識総体を学んだが、なかでも銃火器と軍馬、つまり騎兵学に強い関心を抱いた。その修得は藩命でもあった。

そのため、第一期海軍伝習生が長崎を去った安政四年三月以降は勝のもとを離れ、第三期の伝習生として長崎にやってきた旗本小笠原鐘次郎《おがさわらかねじろう》の従者となっている。小笠原が仲間とともにオランダ人から騎兵学を学んでいたことに目をつけたのである。

小三郎が勝のもとを離れた事情については人間関係のこじれが指摘されているが、騎兵学を学ぶには小笠原の従者である方が好都合だったことが一番の理由だろう。藩も小笠原の従者として騎兵学を学ぶことを認めた。西洋流の馬術をオランダ人から修得することが長崎派遣の目的の一つだったからである。

長崎滞在中、小三郎は七〇冊を超える洋書を買い求め、読破した。その分野は多岐にわたったが、そのいっぽうでオランダの兵書を三冊翻訳している。『新銃射放論《しんじゅうしゃほうろん》』、『矢ごろのかね　小銃彀率《しょうじゅうかくりつ》』、『選馬説《せんばせつ》』の三冊である。銃火器と軍馬への強い関心が産み出した訳書だった。

『新銃射放論』は小銃の射撃に関する原書（一八五五年版）、『矢ごろのかね　小銃彀率』は小銃の仕組みや銃隊の教練法に関する原書（一八五三年版）、『選馬説』（草稿）は軍馬や馬術に関する原書を翻訳したものだった。

なかでも、『矢ごろのかね』には「銃口」

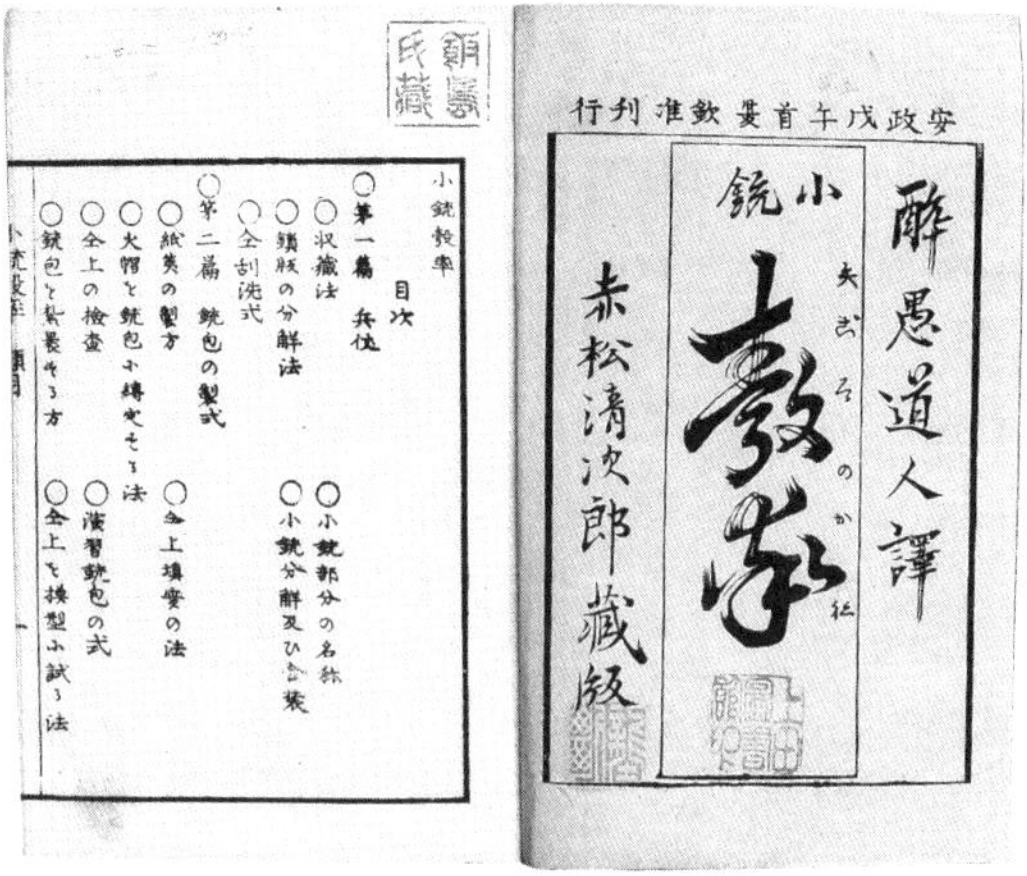

『矢ごろのかね 小銃彀率』（上田市立図書館蔵）

「銃身」など、現在まで使われる訳語が数多く用いられていた。卓越した語学能力の片鱗をみせた訳書と評価できよう。

小三郎にとり、長崎遊学とは幕府や他藩との人脈、軍事を中心とした西洋の最新知識を得るだけでなく、語学の技量を高める、またとない機会となった。そして、『矢ごろのかね』の翻訳に自信があった小三郎は軍事知識の需要が高まっていた時勢を踏まえ、安政五年（一八五八）に同書の出版に踏み切ったのだった。

ところが、期待に反して売れ行きは良くなかった。出版に際しては相応の資金が必要だったが、藩はそこまで負担してくれない。やむなく、小三郎は資金を借りうけて出版に持ち込んだものの、結果は散々だった。需要を見誤ったことで、元を取るどころか、その返済におおいに苦しむのである（関良基「赤松小三郎と銃」『銃砲史研究』第三八九号）。

上田藩主松平忠固の老中罷免と安政の大獄

小三郎が江戸を遠く離れて長崎で勉学に励んでいるあいだ、幕府は大きく揺れ動いていた。朝廷を巻き込む形で、将軍継嗣と通商条約締結をめぐる激しい争いが繰り広げられたからだ。この争いは安政の大獄に帰結するが、その渦中にいたのが上田藩主で老中を務める松平忠優改め忠固であった。

前者の将軍継嗣問題からみていこう。

時の一三代将軍家定は跡継ぎがいなかったため、従兄弟にあたる御三家の紀州藩主徳川慶福《よしとみ》を将軍継嗣とする考えを持っていた。のちの一四代将軍家茂《いえもち》のことだが、対抗馬として同じ徳川一門の一橋徳川家当主慶喜を擁立する動きも活発であった。慶喜は水戸前藩主斉昭の七男として生まれ、一橋家に養子に入った人物である。

継嗣問題は慶福の擁立を目指す譜代大名（南紀派）VS慶喜の擁立を目指す親藩・外様大名（一橋派）の構図となっていた。これは幕政進出を目指す親藩・外様両大名と、それを阻止したい譜代大名の戦いでもあった。従来、幕政は将軍の家来筋にあたる譜代大名と幕臣団に独占されてきたことはすでにのべた。

いっぽう、アメリカとの自由貿易の開始を意味する通商条約締結については、幕府は朝廷（天皇）の許可（勅許）を取り付けることで反対論を封じ込め、国論の統一をはかる方針を取っていたが、これが幕府にとっては仇となった。孝明天皇をはじめ公家たちが通商条約の締結に強く反対したため、勅許獲得のもくろみが頓挫したからである。

それに追い打ちをかけるように、安政五年六月一八日にアメリカ全権のハリスが即時調印を強く求めてきた。翌一九日、彦根藩主で大老の井伊直弼が主宰する幕閣は対応を協議する。井伊は勅許を得ないまま調印すべきではないと主張するが、幕閣内では老中首座堀《ほっ》田正睦《たまさよし》や老中の忠固をはじめ即時調印の意見が大勢を占めた。なおも井伊は勅許を得ることにこだわったが、ハリスとの交渉役を務める日本側全権の目付岩瀬忠震と下田奉行井上清直《きよなお》に調印許可の言質《げんち》を与えてしまったことで、この日、日米修好通商条約が調印の運びとなった。

勅許を得ることなく調印に踏み切った井伊に対し、将軍継嗣問題で激しく対立していた水戸前藩主徳川斉昭や越前福井藩主松平春嶽ら一橋派の大名は、違勅の責任を問いはじめた。これを予期していた井伊は、二三日には堀田と忠固を罷免し、違勅の政治的責任を取らせた。忠固らにとっては即時調印を主張したことが裏目となり、井伊は老中二人に責任を負わせることで、危機を乗り切ろうとはかった。

しかし、一橋派がそれで矛を収めるはずもなく、翌二四日に春嶽、斉昭、尾張藩主徳川慶恕《よしくみ》ら一橋派の面々が幕府の許可なく登城し、井伊を激しく面詰した。違勅の罪を糺《ただ》したのであるが、これを予期していた井伊は違勅調印の止むを得ない事情を奏上すれば朝廷もご理解くださると弁明し、批判をかわした。

一橋派大名による登城はなんの成果も得られず、格好の反撃理由を井伊に与えただけに終わる。当時、あらかじめ決められた日以外に登城することは「不時登城」として堅く禁じられていた。これを逆手に取られたのである。

七月五日、井伊は将軍家定の意思と称して斉昭に謹慎、慶恕と春嶽に隠居謹慎を命じた。不時登城が処罰の理由だ。井伊は将軍継嗣問題で政敵だった一橋派の追い落としに成功したが、巻き返しを期す一橋派は朝廷を介して井伊を追い詰めようと目論む。

幕府が勅許を得ないまま調印に踏み切ったことに天皇は激怒した。そして、勅許なしでの条約調印は遺憾である、斉昭たちへの処罰も罪状が不明であるという趣旨の勅諚《ちょくじょう》を幕府と水戸藩に下した。これを「戊午《ぼご》の密勅《みっちょく》」といい、一橋派の中核たる水戸藩による朝廷工作の賜物だった。幕府の頭ごしに、朝廷が大名に勅諚を下すなど、まさに前代未聞の事態だった。

朝廷と水戸藩に面目を潰された井伊は幕府の威信にかけて、弾圧を決意する。翌九月より、戊午の密勅降下に関わった水戸藩など諸藩の藩士や尊王攘夷の志士たちの捕縛に踏み切った。公家といえども、捜査・処罰の対象から逃れられなかった。世に言う安政の大獄がはじまったのである。

第三節　咸臨丸に乗れなかった小三郎と乗れた福沢諭吉

長崎海軍伝習所閉鎖と咸臨丸のアメリカ派遣

藩命により員外聴講生として長崎海軍伝習所で学んでいた小三郎が江戸に戻ってきたのは、安政の大獄が進行中の安政六年（一八五九）四月のことだった。三期にわたり実施された伝習が終了し、伝習所が閉鎖となったからである。

長崎から戻れば遊学を切り上げることになっていたが、養父の赤松弘から修業延期願が提出されており、江戸遊学を継続したい意思がうかがえる。そのあいだ、一時帰国しているものの、江戸にとどまることで渡米のチャンスをうかがったのだろう。

長崎で海軍伝習が実施されている最中の安政四年閏五月、幕府は江戸湾に面する築地に軍艦教授所（のちに軍艦操練所と改称）を創設する。同所はオランダから輸入した軍艦の運用術などを学ぶ施設であり、江戸にも長崎と同じような教育機関が創設されたことになる。

海軍伝習所の維持運営に莫大な出費を強いられた幕府は、海軍士官養成の機関を江戸の軍艦操練所に一本化する予定だったのだ。そして伝習所が閉鎖されたことで、ようやく一本化が実現する。

伝習所閉鎖に先立ち、勝は長崎から江戸に戻った。同六年一月には軍艦操練所の教授方頭取に任命され、伝習の成果を発揮することが期待されたが、当の勝本人はアメリカ行きを熱望していた。

日米通商条約締結にともない、アメリカに批准書交換の使節を派遣することがすでに決まっていた。万延元年遣米使節と称された外交使節団である。

通商条約締結を受けて新設された外国奉行のうち、新見正興《しんみまさおき》が正使に選ばれ、副使は同じく外国奉行の村垣範正《むらがきのりまさ》、目付の小栗忠順《おぐりただまさ》も使節団に加わった。小栗忠順とはのちの小栗上野介《こうずけのすけ》のことであった。

新見たち使節団はアメリカの軍艦ポーハタン号に乗船して渡米する予定だったが、それとは別に長崎での海軍伝習の成果として、日本人の手で軍艦を操船してアメリカに向かわせることも決まった。その軍艦こそ勝の代名詞となる咸臨丸だった。

咸臨丸は幕府がオランダに建造を注文していた蒸気機関を備える木造軍艦で、原名はヤパン号という。全長四九メートル、排水量六二五トン、速力六ノット、艦砲一二門。安政四年八月に長崎に到着して海軍伝習所の練習艦となる。その後、江戸で幕府海軍の練習艦として用いられた。

幕府は勝の要望をいれ、咸臨丸を操船してアメリカに向かうよう命じる。その上官のような立場で、軍艦奉行の木村喜毅《よしたけ》も同乗することになったが、この人選が福沢諭吉の運命を大きく変えるのである。

乗船できなかった小三郎の失意

ポーハタン号に乗船した遣米使節団のメンバーの大半は幕臣だったが、実は藩士も混じっていた。仙台藩士の玉虫左太夫《たまむしさだゆう》はその一人だった。

ただし、仙台藩士の立場で乗船したのではなく、正使新見正興の従者として乗船した。幕府が派遣した使節団である以上、藩士の身分ではメンバーに加われなかったが、正使つまり幕臣の従者に化ける抜け道により乗船に成功したのだ。

もちろん、幕府黙認のうえでのことであり、小三郎が勝の従者として長崎海軍伝習所での伝習を許された時と同じだった。玉虫を使節団に加えてほしいという仙台藩からの強い要望を幕府が受け入れたのである。ポーハタン号に乗って渡米した玉虫はアメリカの文物を視察し、帰国後に『航米日録』という見聞記録を残した。

安政四年に玉虫は箱館奉行堀利熙《ほりとしひろ》の蝦夷地巡見に随行したことがあった。その実績も考慮され、乗船を許されたのだろう。その時に見聞した記録に『入北記』がある。

ポーハタン号と同じく、咸臨丸の場合も幕臣だけが乗船できたが、藩士で乗船を希望する者は多かった。小三郎もその一人である。長崎海軍伝習の成果を活かす航海でもあったため、幕臣ではなかったとはいえ、伝習所で学んだ者としては期待せざるを得ない。

長崎にいた頃に買い求めた洋書のなかには、英語の辞書もあった。すでに英語も学んでいたことがうかがえる。オランダだけでなく、英語圏のアメリカやイギリスへの思いが募っていたところ、渡米のチャンスが舞い込んできたと期待したのだ。

咸臨丸が浦賀を出航して太平洋横断の旅に出たのは安政七年（一八六〇）一月一九日のことだが、この件を取り扱ったのは前年二月に新設された軍艦奉行だった。同一一月七日、軍艦奉行は咸臨丸の乗船名簿を老中に提出し、二三日には承認されるが、その名簿に小三郎の名はなかった。

藩士の立場では乗船できない以上、幕臣の従者に化けるしかなかったが、今回はその手は使えなかった。勝の従者ならば乗船できたかもしれないが、長崎で勝のもとを離れてしまった以上、ふたたび従者となることは難しかったのだろう。

渡米できるチャンスを求めて乗船を希望する者は多かった。いきおい狭き門にならざるを得ない。藩士ならばなおさらである。

結局、小三郎の願いは叶わず、西洋社会をその眼で見聞することもついになかった。藩主の忠固が老中を罷免されていたことも、小三郎にはマイナスに働いたに違いない。要するに、藩のバックアップはあまり期待できなかったのだ。

軍艦奉行が乗船名簿を提出した同じ一一月二〇日、藩から帰国命令が下った。名簿に名前が載らなかった以上、もはや江戸にとどまる理由はないと判断したのだろう。江戸や長崎での遊学も長期間におよんでおり、藩としても遊学をいつまでも認めるわけにはいかなかった。

渡米の夢が叶わなかった後も、小三郎は江戸遊学を継続しようと動いたようだが、藩が認めることはなかった。万策尽きた小三郎は、失意のうちに帰国の途に就く。

豊前中津藩士福沢諭吉が乗船できた理由

しかし、小三郎とは対照的に、狭き門をくぐり抜けて咸臨丸に乗船できた藩士もいた。小三郎の政治思想に大きな影響を与える、豊前中津藩士福沢諭吉その人である。

中津藩の石高は一〇万石で、上田藩の約二倍の身上だった。藩主奥平《おくだいら》家は外様大名の多い九州の地にあって、小倉藩小笠原家とともに数少ない譜代大名の一人だが、藩祖奥平信昌《のぶまさ》は徳川家康の長女亀姫の婿であり、徳川家と運命をともにすることを宿命づけられた家柄である。享保二年（一七一七）に丹後宮津から中津に転封となり、その後は国替えを命じられることなく明治を迎えた。上田藩松平家と同じような歴史を辿った藩と言える。

中津藩は蘭学が盛んな藩として知られていた。藩医の前野良沢《まえのりょうたく》が若狭小浜藩医杉田玄白《すぎたげんぱく》とともに、『解体新書』の翻訳に関わったこともあった。『解体新書』はオランダの人体解剖図「ターヘル・アナトミア」の翻訳書で、翻訳作業がおこなわれた場所こそ同藩の江戸鉄砲洲中屋敷だった。

そんな藩風を背景に、福沢は蘭学修業に励んだ。最初は長崎で学び、その後大坂に移って蘭方医緒方洪庵の適塾に入門した。安政二年三月のことである。

その後、中津藩は福沢に対し、鉄砲洲中屋敷内に開設した蘭学塾で蘭学を教授するよう命じる。同五年一〇月中旬、福沢は鉄砲洲中屋敷に入ったが、その近くの築地には自分の運命を変えることになる奥医師桂川甫周《かつらがわほしゅう》の屋敷があった。

福沢諭吉

奥医師とは将軍やその家族、大奥に務める奥女中たちの診察や治療にあたった医師のことで、奥医師を代々務めた桂川家の専門はオランダ流の外科である。同家には蘭方医や蘭学者が数多く出入りし、福沢の言葉を借りると「日本国中蘭学医の総本山」として蘭学界で知らぬ者はいないほどの家だった。

江戸に出てきた福沢は桂川の屋敷に出入りする一人となる。蘭学者に知り合いを増やしていったが、ある出来事を契機に英語を学びはじめる。

通商条約締結により、安政六年六月に横浜が開港となった。貿易開始を受けて横浜港に外国人居留地が置かれたため、福沢も見物に出かけた。欧米諸国からやってきた貿易商人たちがすでに多数出店していたが、居留地ではオランダ語がさっぱり通じず、大変なショックを受けた。

江戸に戻った福沢は横浜の居留地で見たり聞いたりした外国語はオランダ語ではなく、英語だったことに気付く。世界を動かす列強とは英語を使うイギリス、アメリカ、そしてフランスやロシアなのであり、オランダは西洋の一小国に過ぎなかったことを悟った。

そんな現実を思い知らされた福沢は一念発起して英語を学びはじめたが、そうした折、幕府がアメリカに批准書交換のため使節団を派遣するという情報に接する。小三郎と同じく、なんとか渡米したいと思った福沢だが、幕府につてなど全くなかった。

しかし、軍艦奉行の木村喜毅が咸臨丸への乗船を命じられたことで、福沢に光明が差し込んだ。桂川の亡妻が木村の姉だったことに目をつけたのだ。

福沢は渡米したい気持ちを桂川に打ち明け、義弟にあたる木村を紹介してほしいと頼み込んだ。その願いを受け入れた桂川の紹介状を持って木村を訪ね、その従者として渡米したいと懇願したところ、奇跡が起きた。

木村は福沢の願いをいれ、幕府に取り計らってくれたのである。その結果、木村の御供という名目で咸臨丸への乗船が許可され、渡米できる運びとなった。中津藩士ではなく、幕臣の従者に化けるという奥の手を使ったわけだが、後年、福沢はその経緯を次のように語っている。

艦長木村摂津守という人は、軍艦奉行の職を奉じて海軍の長上官であるから、身分相当に従者を連れて行くに違いない。それから私は、どうもその船に乗ってアメリカに行ってみたい志はあるけれども、木村という人は一向知らない。去年大阪から出て来たばかりで、そんな幕府の役人などに縁のある訳《わ》けはない。ところが幸いに、江戸に桂川《かつらがわ》という幕府の蘭家の侍医がある。その家は、日本国中蘭学医の総本山とでも名を命《つ》けて宜しい名家であるから、江戸はさておき日本国中蘭学社会の人で桂川という名前を知らない者はない。ソレ故、私なども江戸に来れば何はさておき桂川の家には訪問するので、度々その家に出入している。その桂川の家と木村の家とは親類――ごく近い親類である。それから私は、桂川に頼んで「如何《どう》かして木村さんの御供をしてアメリカに行きたいが、紹介して下さることは出来まいか」と懇願して、桂川の手紙を貰って木村の家に行ってその願意を述べたところが、木村では即刻許してくれて「宜しい、連れて行ってやろう」とこういうことになった。

(『新訂福翁自伝』岩波文庫)

木村や桂川の配慮がなければ、陪臣(藩士)身分の福沢は咸臨丸に乗船して渡米することなどできなかった。ひいては、明治に入って近代化の旗手として名声を得る福沢諭吉も存在しない。そのことは福沢自身が一番よくわかっており、終生木村を恩人として敬い続けた(安藤優一郎『将軍家御典医の娘が語る江戸の面影』平凡社新書)。

こうして、福沢は幸運にも咸臨丸に乗船し、アメリカを見聞できた。その後も幕府使節団に同行してヨーロッパ諸国を歴訪する機会に恵まれるが、咸臨丸に乗船できなかった小三郎は上田で雌伏の日々を送っていたのであった。

第三章　英式兵制と横浜居留地

——内戦の勃発

第一節　上田での雌伏の日々

養家赤松家を継いだ小三郎

小三郎が乗船を切望した咸臨丸が勝や福沢を乗せて品川を出帆したのは、安政七年（一八六〇）正月一三日のことである。太平洋の横断に成功し、サンフランシスコに入港したのは約一ヵ月半後の二月二五日。そのまま反転して太平洋をふたたび横断し、五月五日に浦賀に到着した。そのあいだに国内では大事件が起きていた。三月三日、大老の井伊直弼が江戸城桜田門外で殺害されたのだ。

同じ三月に、小三郎の養父赤松弘が病没する。そのため、小三郎は六月には家督を相続し、禄高一〇石三人扶持の赤松家当主となった。ちょうど三〇歳の年であった。

上田藩は七代目藩主の松平忠礼《ただなり》の時代に入っていた。かつての主君だった忠固は老中を罷免された後、安政六年九月に急死し、跡継ぎの忠礼が藩主の座に就いたのである。

しばらくのあいだ、小三郎は上田で雌伏の日々を過ごすが、江戸や長崎で得た知識を藩はすぐには活かせなかった。そのうえ、渡米の選にも漏れたことで、鬱屈は増すばかりだった。このまま朽ち果てたくない気持ちも募っていく。

小三郎は書簡や建白書などのほか、写本や版本など数多くの資料を残しており、詩文集「塵塚《ちりづか》」には自作の俳句や漢詩が収められている。この時期に作った詩文から鬱屈した心情を読み取ることは難しくない。

「亜国行を懐《おも》ひて」と題した「春風や東に霞む船二つ」という句は、日本からみて東に位置するアメリカ（亜国）に向かった咸臨丸とポーハタン号を詠んだもので、渡米を諦めきれない思いが滲み出ている。「家柄は云うな雪解の黒濁り」という句は、微禄な身分（家柄）なため才能があっても藩では立身できない不遇な気持ちを詠んだものである。雪解けのため黒く濁った地面に、自分の心に渦巻く苛立ちをみている。

苛立ちを俳句などに託するだけでは収まらず、日々の言動にも出していたようだ。このままでは脱藩してしまうのではと心配した親類や友人たちが小三郎を宥めるが、黙って聞いているだけであった。

無役の藩士には警備のため城に詰める番役が課せられたが、この仕事もおおいに不満だった。城内の木立に烏《からす》が群衆するのを指して、城詰の番役は烏の番人をしているようなものだと藩内では揶揄《やゆ》された。そのため、「烏の番人」は自分には耐えられない仕事であると放言したという。才能のある自分がすべき仕事ではないという気持ちが秘められていた。

赤松家の家督を継いだ翌年にあたる万延二年（一八六一）正月には「数学測量世話」を藩から命じられるが、この程度の仕事では自尊心を到底満足させることはできず、依然として失意の日々が続いた。ようやく光明が差しはじめるのは文久二年（一八六二）に入ってからである。

なお、万延二年改め文久元年一月に小三郎と改名している。それまでは赤松清次郎という名であり、名実ともに上田藩士赤松小三郎が誕生する。

和宮降嫁と坂下門外の変

小三郎が上田で悶々とした日々を送るなか、国内は動乱の時代に突入していく。そのきっかけは、水戸藩を脱藩した浪士たちが主導した桜田門外の変である。白昼堂々、江戸城の門前で幕府の最高実力者たる大老が殺害されたことは、幕府権威を著しく失墜させた。

安政の大獄では一橋派、なかでも水戸藩に対する処分が最も過酷であり、その反動が井伊の身に降りかかった形だった。大きな衝撃を受けた幕府は、福井前藩主松平春嶽ら一橋派の大名を赦免することで、幕政進出を望む親藩大名・外様大名とのあいだにこれ以上亀裂が走るのを防ごうとはかった。桜田門外の変が起きてから半年後にあたる万延元年九月四日に、春嶽や尾張前藩主徳川慶恕、土佐前藩主山内容堂《やまのうちようどう》の謹慎が解除されている。

井伊の横死後、幕政を主導したのは譜代大名で陸奥磐城平《いわきだいら》藩主の老中安藤信正《あんどうのぶまさ》である。老中首座となった下総関宿藩主久世広周《くぜひろちか》とともに井伊の遺志を継ぎ、孝明天皇の妹和宮《かずのみや》を将軍家茂の御台所に迎えることに成功する。幕府の権威失墜とは対照的に急上昇していた天皇の権威と結びつくことで、幕府の復権を目論む。いわゆる公武合体政策だ。

和宮には有栖川宮《ありすがわのみや》という婚約者がいたことがネックとなっていたが、幕府は降嫁を実現するため、攘夷論者の天皇に対して一〇年以内に「破約攘夷」すると約束した。幕府が通商条約を破棄して攘夷を実行すると密かに請け合ったことで、天皇は有栖川宮との婚約を解消させて和宮が家茂の御台所となることを認めたが、その場しのぎのような無責任な約束は幕府を自縄自縛の状態に陥らせていった。

文久元年一〇月二〇日、家茂のもとに嫁ぐため和宮の行列が京都を出立した。中山道経由で江戸に向かった和宮の行列を警固するため沿道の諸藩が動員され、中山道から離れていた上田藩にも警固の命が下った。幕府の要請に従い、上田藩は藩士を下諏訪宿や塩尻宿に派遣したが、小三郎もその一人だった。

和宮の行列が江戸に到着したのは同年一一月一五日のことであった。翌二年二月一一日、江戸城で盛大な婚儀が執りおこなわれている。

いっぽう、幕府は一橋派大名に融和の方針で臨みながら、水戸藩に対してだけは引き続き強圧的な姿勢で臨んだ。幕府に従順な藩士に藩政を仕切らせ、幕府に反発する藩士を弾圧させた。

追い詰められた彼らは隣藩宇都宮藩の尊攘派志士と連携し、安藤の襲撃を目指した。和宮降嫁により幕府の復権をはかろうとする安藤の政治姿勢への反発もあった。

首謀者は同藩に儒学者として出入りしていた尊攘派志士の大橋訥庵《おおはしとつあん》だが、決行前に幕府に捕縛され、実行メンバーは水戸浪士四名と宇都宮・越後浪士のあわせて六名にとどまる。決行日は文久二年一月一五日。和宮の婚儀を約一ヵ月後に控えていた。

安藤の登城行列には、桜田門外の変の教訓から手練れの家臣たち三〇人余が駕籠脇を固めていた。登城行列が江戸城坂下門に近づくと、襲撃浪士の一人が訴状を掲げて安藤が乗った駕籠に向かい、いきなりピストルで狙撃した。それを合図に他の五人が斬り込んで乱戦となり、駕籠を突き刺された安藤は背中に軽傷を負うが、一命は取り留める。その場で六人の浪士はすべて斬り殺された。世に言う坂下門外の変である。

しかし、井伊に続けて要人がまたしても襲撃を受けたことは、幕府に強い衝撃を与えた。弱気になった幕府は、やがて安藤を罷免してしまう。井伊の跡を継いだ安藤も、幕府権威の失墜に歯止めをかけられなかった。

幕政進出を競う薩摩藩と長州藩

幕府は朝廷の権威を活用することでみずからの権威を浮上させようと試みただけでなく、復権のためには譜代大名以外の力を借りる選択肢も否定しなかった。安政の大獄により親藩大名や外様大名が幕政に進出する道はいったん閉ざされたが、その道がふたたび開かれたのである。これにもまた桜田門外の変が幕府に与えた影響をみてとれる。

最初に国政進出を果たしたのは有力外様大名の長州藩だった。

長州藩が通商条約を是認する立場で開国論（航海遠略策《こうかいえんりゃくさく》）を朝廷に献策したいと提案してきたのを受け、幕府は朝廷への周旋活動を依頼した（公武周旋《こうぶしゅうせん》）。要するに、長州藩に国政への関与を認めたのである。文久元年一二月のことであった。

勅許を得ずに条約を締結したとして、尊王攘夷派の公家や志士に責め立てられていた幕府にとり長州藩の提案は助け舟であった。幕府としては長州藩を利用することで復権の一助にしようとはかるが、幕政進出を目指す大名には大きな刺激となった。その筆頭格の大名こそ、一橋派として福井藩とともに幕政進出を目指していた薩摩藩であった。

当時は亡き島津斉彬の異母弟久光《ひさみつ》の長男茂久《もちひさ》が藩主の座に就いていた。藩主の実父久光が後見として藩の実権を握ったが、長州藩の動きに刺激されて幕政進出を決意する。斉彬の遺志を継ごうとしたのである。

ただ、幕府に直接働きかけても難しいと考えた久光は、薩摩藩の意を汲んだ勅使を奉じたうえで江戸に向かおうと目論む。江戸に直行するのではなく、その前に京都へ立ち寄る腹積もりだった。天皇の権威を後ろ盾として幕府にプレッシャーをかけ、斉彬以来の悲願である幕政進出を実現しようとした。

そのため、久光の江戸出府に先立ち、側近に抜擢した藩士大久保利通《おおくぼとしみち》らを京都に派遣し、久光上京の地ならしをさせている。朝廷のトップたる摂政・関白に任命される家格を持つ五つの公家、つまり五摂家のうち、島津家とも縁の深い筆頭にあたる近衛忠房《このえただふさ》を通じて朝廷工作をおこなわせた。

こののち、公武周旋のため京都に入っていた長州藩に遅れを取るなとばかりに、薩摩藩も京都に向かう。幕政進出を目指す大名たちの動きがにわかに活発となるが、その余波を受けて小三郎の生活も慌ただしさを増すのである。

第二節　憂国の士への転身と攘夷運動の高まり

幕府の最高人事に介入した薩摩藩

文久二年三月一六日、久光は一〇〇〇人余の藩兵を率いて鹿児島を出立した。この武力をもって、幕政進出を目指すのだ。

しかし、参勤交代を義務付けられた藩主ではない久光が江戸に出府するにはなんらかの理由が必要である。そのため、薩摩藩では前年一二月七日に江戸・芝の屋敷をみずから焼き、参勤猶予を願い出る。藩主の茂久が参勤しても、大勢の家臣とともに住む屋敷がないことがその理由だった。そこで、幕府は茂久の参勤猶予を認めるが、江戸屋敷再建の費用として薩摩藩に二万両を貸与する殊遇も与えた。

その御礼と再建の監督を名目に、薩摩藩は茂久を後見する久光の江戸出府を願い出る。幕府がこの願いも認めたことで、久光は公然と江戸に出府することができたのである。

江戸に向かう久光には朝廷から京都守護の命令が出る手筈になっていた。朝廷の命により京都に入った後は、さらなる朝廷工作により勅使を奉じて江戸に向かう計画だった。そのため、大久保たち藩士を京都に派遣して地ならしさせたわけだ。

事態は久光の思惑通りに進んだ。

四月一六日、久光率いる藩兵は朝廷の命を受けて京都に入ったが、本来京都の守護は幕府が任命した京都所司代の職掌であった。ところが、当時は尊攘派の志士たちが多数集結して不穏な動きを示していた。所司代の力だけではとても抑えられず、危機感を抱いた朝廷は久光に京都の守護つまり鎮撫を命じた。

要するに、薩摩藩はそこに目をつけて朝廷工作をおこなったのである。朝廷は過激な志士の取り締まりを命じるという名目で久光に入京を要請し、京都鎮撫の任務に就かせたが、その裏には薩摩藩と気脈を通じる近衛家の奔走があった。

そのいっぽうで、薩摩藩士のなかには尊攘派志士と連動する動きもみられ、京都鎮撫の任にあたる久光の立場としては看過できるものではなかった。同二三日、久光は京都南郊伏見の寺田屋に集結する藩士有馬新七《ありましんしち》らに対して藩邸に戻るよう命じるが、これに応じなかったため上意討ちに処した。世に言う寺田屋事件である。藩士を犠牲にしても朝廷の命を果たした形となり、これも追い風となって厚い信頼を得ることに成功する。

朝廷の信任を得た久光は、自分の意を汲んだ勅使を奉じて江戸に向かうことを許された。六月七日、久光率いる薩摩藩兵に守護された勅使大原重徳《おおはらしげとみ》が東海道経由で江戸に入った。

久光の幕政進出とは、具体的に言うと幕府人事への介入である。亡兄の斉彬が将軍継嗣に推した一橋慶喜を将軍後見職に、福井前藩主松平春嶽を大老職に据えることで幕政への発言権を確保しようと目論んだのだ。この二人が薩摩藩の代弁者として動いてくれることを期待した。

朝廷の権威と薩摩藩の武力をもって幕府人事に露骨に介入してきた久光に、幕府は当然ながら嫌悪感を持つが、結局のところ押し切られてしまう。七月六日、慶喜が後見職に、九日には春嶽が大老職に相当する政事総裁職に就任した。

久光は幕閣に送り込んだ慶喜と春嶽に幕政改革に関する建言を示し、その多くが春嶽により政策化されていった。いわゆる文久の幕政改革だが、諸藩の負担を軽減させて武備の充実を目指した参勤交代制度の緩和などは、その象徴的な施策であった。

上田藩の軍制改革に関与

薩摩藩をバックにして誕生した慶喜・春嶽政権は、一橋派大名の再結集という面もあり、咸臨丸で渡米した勝の人生も大きく変えた。当時、勝は築地の軍艦操練所頭取を務めていたが、閏八月一七日に軍艦奉行並に抜擢される。春嶽を支える御側御用取次大久保忠寛の推薦が背景にあったようだ。

以後、勝は海軍力の強化に努めるいっぽう、将軍家茂の海路上洛に奔走する。家茂が乗船する軍艦順動丸の購入にあたり、江戸と大坂のあいだを航行した。将軍の海路上洛に備えた予行演習、つまり練習航海であった。その頃、春嶽の紹介で勝のもとを訪れたとされるのが、土佐藩を脱藩していた坂本龍馬である。その後、龍馬は勝の門人として行動をともにするようになる。

文久の幕政改革では陸海軍の軍制改革も断行されたが、すでに幕府内では前年五月から軍制改革の検討に入っていた。欧米列強の圧倒的な軍事力を目の当たりにした幕府は刀や槍よりも銃砲を重視するようになる。そのため、文久二年六月には幕政改革に先立つ形でオランダの兵制をモデルとして陸軍の改革大綱が成立し、将軍の直属軍として、歩兵・砲兵・騎兵の三兵の編制を目指す方針が打ち出された。

歩兵には銃剣を武器とする重歩兵と、銃を持つ帯刀の軽歩兵の二種類があった。旗本から領地の農民を重歩兵として差し出させ、無役の御家人などを軽歩兵に充てる目算だった。加えて、砲兵には御家人、騎兵には旗本や御家人を充てることが想定されていた。同じ幕臣でも将軍への拝謁資格を持つのが旗本で、持たないのが御家人であり、陸軍の総兵力は一万人弱と見積もられた。

勝が軍艦奉行並に抜擢された閏八月には海軍の改革大綱が成立する。軍艦などの艦船三七〇隻、士官・水夫など乗組員六万一二〇〇余人、運送船と乗組員はこれとは別という壮大な艦隊案が策定された。全国六ヵ所に配備する計画だったが、財政難もあり、事実上画《が》餅《へい》に帰した。

幕府が陸海軍の軍制改革に着手したことは諸藩にも大きな影響を与え、軍事力強化を目指して軍制改革に取り組む藩が増加していった。これは幕府の望むところでもあった。そもそも、諸藩の負担軽減により武備の充実を実現させることが参勤交代制緩和の目的だったのである。

譜代大名松平家を藩主に戴く上田藩としては、そうした幕府の方針に忠実に従って軍備強化を進めなければならなかった。文久二年七月、軍事調練に関する調査を開始すると、その掛（係）を命じられた一人が小三郎だった。江戸や長崎で兵学を学んだ経歴と実績が求められる時節がようやく到来した。

八月には、西洋流の調練を近々開始する旨が藩内に布告された。軍制改革の開始である。幕府に倣って、西洋つまりオランダをモデルとした軍事教練をはじめることとされ、小三郎はその世話も命じられる。翌三年正月には大砲・小銃の製造掛も命じられ、最新兵器の調達にもあたることになった。

吹き荒れる攘夷の嵐と長州藩の台頭

上田藩が軍事力の強化に力を入れたのは幕府の方針はもちろん、国内情勢が緊迫の度を深めていたことも大きかった。話は慶喜・春嶽政権が誕生した頃に戻る。

みずからの代弁者として期待する慶喜と春嶽を幕閣に送り込む形で念願の幕政進出を果たした薩摩藩の島津久光は、ふたたび東海道を経由して京都に戻る途中、神奈川宿近くの生麦村で国際問題を起こす。

文久二年八月二一日、久光の行列を横切ったイギリス人を随行の藩士たちが殺傷してしまったのだ（生麦事件）。これが原因となり、翌年に鹿児島城下はイギリス軍艦の砲火を浴び、火の海となった。薩英戦争の勃発である。

生麦事件を起こした後も、そのまま久光は東海道を西へ向かった。閏八月七日、京都に到着したが、久光が京都を離れているあいだに、長州藩が朝廷内に深く食い込んでいた。

幕府の最高人事への介入に成功した薩摩藩の突出した政治行動に対し、同じく幕政進出を目指す諸藩は激しい対抗心を抱いた。すでに公武周旋を幕府から依頼された長州藩などはその筆頭だろう。

朝廷の権威を後ろ盾に幕政進出を実現した久光だったが、朝廷が強く望む攘夷の実行については否定的な立場を取った。しかし、幕府は和宮の降嫁を実現するため、孝明天皇に対して一〇年以内に破約攘夷すると約束していたことはすでに述べたとおりだ。破約攘夷の実行は攘夷主義者の天皇が強く望むところであった。

幕府は破約攘夷を約束した事実をひた隠しにしたが、この頃には広く知られるようになる。その事実は尊攘派を勢いづけ、京都には攘夷を唱える志士が跋扈した。朝廷内でも破約攘夷論を唱える公家たちが台頭していく。

長州藩はその流れに乗る形で、開国論（航海遠略策）から破約攘夷に藩論を転換させた。破約攘夷を唱える過激な公家たちの後ろ盾となることで、政局の主導権を握ろうと目論んだが、薩摩藩への反発も背景にはあったことは否めない。こうして、久光が京都を留守にしているあいだ、破約攘夷論が朝廷内を席巻していった。

京都へ戻った久光は、そんな朝廷の状況に危機感を強めた。同月二一日、関白に昇任していた近衛忠熙《ただひろ》・忠房父子に十二ヵ条の朝廷宛建白書を提出したが、その内容は次のとおりである。

朝廷が攘夷を命じても、幕府にはその命を受け入れる意思はない。結局のところ、朝廷の威光に傷が付く。朝廷が幕府に攘夷を命じたことが明らかになると、攘夷を叫ぶ志士たちが横浜や長崎の居留地にいる外国人を襲撃する恐れがある。諸外国が連合して報復に出れば、日本に勝ち目はなく、清がイギリスに敗北したアヘン戦争の二の舞となる。災いのもとになる攘夷の命令は出してはならない。

だが、長州藩をバックにした過激な尊攘派公家たちが朝廷内では勢いを占めており、久光の直言が聞き入れられる状況ではなかった。失望した久光は京都を去って帰国する。生麦事件に激高したイギリスの報復に備える必要もあった。朝廷を牛耳った長州藩に対して薩摩藩は反感を抱き、両藩の関係悪化は避けられなかった。

薩長両藩だけでなく、同じく有力外様大名の土佐藩も朝廷をバックに幕政に進出しようとしていた。かつて龍馬も加盟していた土佐勤王党のリーダーである藩士武市半平太《たけちはんぺいた》は藩論を攘夷でまとめた。

そして、一〇月一二日に藩主山内豊範《とよのり》が勅使三条実美《さんじょうさねとみ》と姉小路公知《あねがこうじきんとも》を奉じて江戸に向かい、幕府に攘夷を督促した。薩摩藩と全く同じやり方だった。

一二月五日、家茂は勅使の三条に対して攘夷の勅旨を奉承する。その方策については上洛して言上すると返答し、将軍の上洛が確定した。

家茂が向かうことになる京都では過激な尊攘派の志士たちによる天誅と称した殺傷事件が頻発していた。その対象は破約攘夷論に反対する幕府寄りとみなされた者たちである。

こうした状況を見兼ねた幕府は京都守護職を新設し、会津藩主松平容保《かたもり》を同職に充てる。容保が会津藩士を率いて京都に入ったのは一二月二四日のことだった。

江戸詰の兄からの手紙

過激な尊攘派の志士たちによる殺傷事件が起きたのは京都だけではなかった。江戸でも頻発しており、外国人が標的となることが少なくなかった。外交官として駐在していたからである。

安政五年にアメリカをはじめ欧米諸国と通商条約を締結したことで、江戸には外交使節（公使）が駐在することになった。そこで、幕府は寺院の境内を各国公使館に指定し、アメリカは善福寺（現在の港区、以下同じ）、イギリスは東禅寺、フランスは済海寺に公使館を置いた。公使は駐在しなかったものの、オランダは長応寺が公館に指定された。

江戸に駐在する外交官個人に対する警備は幕府の外国方と江戸町奉行所、公使館全体の警備は諸大名が担当した。文久二年六月頃から一年ほど、上田藩も近江水口藩加藤家、遠江横須賀藩西尾家、越前勝山藩小笠原家とともに、アメリカ公使館が置かれた善福寺の警備にあたった。

そのため、上田藩も江戸詰の藩士たちを交代で善福寺に詰めさせたが、その一人が小三郎の兄芦田柔太郎だった。柔太郎は善福寺の警備に就くかたわら、洋式銃や軍事関係の洋書の買いつけに奔走しており、兄弟揃って藩の軍制改革に携わっていたことがわかる。

江戸詰のあいだ、柔太郎は江戸の様子を伝える書面を小三郎に何度も書き送っている。例えば、文久二年一〇月の書面では攘夷を督促する勅使が江戸に到着して幕府内が大混乱する様子が取り上げられた。一二月一五日付の書面では、品川御殿山に建築中だったイギリス公使館焼き討ち事件に関する記述が目を引く。

外国公使館への襲撃事件はすでに二度にわたり起きていた。文久元年五月二八日にイギリス公使館が置かれた東禅寺が水戸浪士たちにより襲撃され（第一次東禅寺事件）、同二年五月二九日にも警備担当の松本藩の藩士伊藤軍兵衛《いとうぐんべえ》が単身襲撃する事件（第二次東禅寺事件）が起きた。公使館警備にあたる上田藩や柔太郎にとって他人事ではなかったが、今回も狙われたのはイギリス公使館であった。

一二月一二日に起きた御殿山焼き討ち事件は長州藩士高杉晋作、井上馨、伊藤博文らが引き起こしたもので、驚愕した各国公使たちは横浜に一時引き揚げてしまう。ところが、アメリカ公使は善福寺にとどまったため、上田藩など四藩は警備を継続することになった。そのうえ、外国奉行からは警備を厳重にするよう命じられたため、夜回りも頻繁にしなければならず難渋していると小三郎に書き送っている。

同じ一二月一五日付の書状には、柔太郎が洋式銃の入手に苦労している様子も書かれている。値段が高騰していたためだが、これは将軍の上洛が決定したことが大きかった。将軍護衛の幕臣団や諸大名も京都に向かうことになり、洋式銃の需要が一気に増したのだ。売り手市場となったことから商人は強気で、容易には入手できないと嘆いている。

小三郎とは疎遠になっていた勝の留守宅に、寒中見舞いのため柔太郎が訪問したこともこの書状から判明する。一二月一七日、勝は軍艦順動丸に老中格小笠原長行を乗せて大坂へ向かった。柔太郎の書状には、勝が来春に江戸に戻ってふたたび海路大坂に向かった後は、長期にわたって大坂滞在になる見込みであることが、勝の母からの話として書き留められている。

この書状からは、勝との関係が修復して交流も再開されている様子が想像される。軍艦奉行並として幕府海軍の軍制改革に関与する立場に勝が抜擢されたことは、かつて師事していた小三郎にとり魅力的だったのではなかろうか。

憂国の士への転身

将軍家茂が上洛の途に就いたのは、翌三年（一八六三）二月一三日のことであった。当初は勝が指揮する順動丸で大坂湾に向かう予定だったが、急遽陸路に変更される。折しも、前年八月の生麦事件に激高したイギリスが本国から一二隻の軍艦を呼び寄せ、軍事的威圧のもと謝罪と賠償金の支払いを幕府に迫ろうとしていた。

そのため、イギリス艦隊の動向を危惧した幕府は海路での上洛を中止し、東海道経由での上洛に変更したのだ。三月四日、家茂は無事に上洛を果たした。将軍の上洛は寛永一一年（一六三四）に三代将軍家光が上洛して以来のことだった。

尊攘派の志士や公家たちは家茂が上洛してきたことをこれ幸いとして、天皇に約束した破約攘夷を速やかに実行するよう激しく責め立てた。その期日を約束しなければ、江戸城に戻るのを認めないというのである。

家茂のほか、攘夷実行に否定的な諸大名も入京していたが、正面切って反対することができなかった。朝廷内が三条実美たち尊攘派の公家に牛耳られていたうえに、破約攘夷論に反対すると天誅と称して尊攘派の志士たちにより危害が加えられる恐れがあったからだ。

四月二〇日、窮した幕府は五月一〇日を攘夷の期日にすると朝廷に約束してしまう。朝廷への申し訳のため、そのポーズを示しただけだったが、本当に攘夷を実行した藩があった。同日、長州藩は下関海峡を航行するアメリカ商船に砲撃を加えている。

朝廷に対して攘夷実行の期日を約束したことで、京都にも近い大坂湾を家茂が巡視することになった。将軍みずから海防のため巡視することで、攘夷実行の姿勢を示したい幕府の狙いが込められていた。

現場で案内役を務めたのは勝だったが、その折、年来温めていた構想を家茂の前で披瀝する。大坂湾の海防強化には海軍の根拠地と蒸気船を操船できる士官の養成機関が必要であるとして、江戸（築地）の軍艦操練所とは別に神戸に海軍操練所を創設したいと申し出た。

家茂が勝の構想を即座に了承したことで、神戸海軍操練所の創設が急転直下、決定する。

実際に創設されたのは約一年後だが、勝は先行する形で神戸村に私塾を作り士官育成を目指す。海軍操練所が創設された際には、そのまま塾生を入所させようと目論んだのだ。土佐藩出身者が多く在籍したが、塾頭を務めたのが龍馬だった。

政治情勢の急変に加え、長州藩による攘夷の実行で対外戦争の危機も現実のものとなってきた時勢を受け、小三郎は居ても立ってもいられない気持ちとなる。江戸にいる兄からも切迫した情勢が伝えられてくるが、自分は上田から動けず、焦燥が増していく。

軍制改革が開始されたとはいえ、藩内では緊迫する時勢への危機感が薄かった。これでは軍事力の強化など画餅に終わる。小三郎は現状を憂う山田貫兵衛や八木剛助ら藩士とともに藩内の意識改革を目指し、ついには藩当局への意見書の提出を企てる。

実際に提出したかまではわからないが、残されている草稿（上田市立図書館蔵）では藩の現状への憂慮を背景に、速やかな軍制改革の断行、兵学者の育成などを訴えた。そのためには藩士のなかから「正直誠忠英才」の者を二、三人選抜し、江戸に派遣して軍事や政事を詳しく探索させ、藩政の参考にすることを求めた。自分を派遣してほしいと訴えたかったのだろう。

なお、同じ文久三年の春には隣藩松代藩の藩士白石久左衛門の娘たかを妻に迎えている。そののち、妻の実家を訪ねた際に兵学者としても名高い藩士佐久間象山と対面を遂げた。

第三節　イギリス軍人との交流

京都での政変と戦争の勃発

政局の舞台・京都からの退場を余儀なくされた薩摩藩だったが、虎視眈々と巻き返しの機会をうかがっていた。長州藩が単独で攘夷を実行したことで、欧米列強との戦争が現実味を帯びてきた情勢にも危機感を募らせた。

いっぽう、朝廷をバックに政局の主導権を握った長州藩はあたるべからざるの勢いで、幕府の存在を否定する行動に出ていく。八月一三日、孝明天皇の詔が下り、攘夷祈願のため大和に行幸する計画が公表された。神武天皇陵や春日大社などを参拝した後、現地で攘夷親征の軍議を開いてさらに伊勢神宮に行幸するというものだった。

この攘夷親征を目的とする大和行幸計画は天皇が望んだものではなかった。三条ら尊攘派の公家が主導した計画であり、天皇は攘夷主義者であったが、三条らの主張に振り回されることを嫌悪するようになっていた。この計画は攘夷の実行を職掌とする征夷大将軍への不信任を天皇が表明したものと受け取られたが、天皇は攘夷実行を幕府に強く求めたものの、幕府を否定したわけでは全くなかったのである。

諸藩のあいだでも幕府の否定を意味する天皇の攘夷親征には反対論が多かった。長州藩が攘夷実行の名のもと外国船に砲撃を加えたことにも、懸念の色を隠せなかった。長州藩をこのまま放置すると、欧米との戦争が時間の問題となる。日本が危うい。

こうして、政局の主導権を奪い返そうとする動きが諸藩のあいだで沸き上がった。薩摩藩はそうした空気を読み、京都守護の任にあたり多数の藩兵を駐屯させた会津藩と連携して長州藩と三条らの追い落としをはかる。会津藩はこれに応じた。天皇の了解も得たことで、「文久三年八月十八日」の政変のレールが引かれた。

八月一八日の午前一時、クーデター派の公卿、京都守護職の会津藩主松平容保らが密かに御所に集まり、天皇の強い意思のもと、三条ら尊攘派公家の参内停止、長州藩の京都からの退去が決定する。長州藩は反発するが、翌一九日には三条ら七人の公卿を擁して帰国の途に就いた。いわゆる七卿落ちである。

この政変は薩摩藩から提起されたものだが、会津藩が前面に出た形で決行された。大和行幸（攘夷親征）も中止となった。

薩摩藩は会津藩の軍事力を利用する形で長州藩の追い落としに成功したが、このままで済むはずもなかった。失地回復を期して多数の長州藩士が京都河原町の藩邸に潜伏し、公家や諸藩の京都藩邸に出入りして復権工作を活発に展開した。

そのため、藩主毛利慶親《もうりよしちか》の世子定広が三条らを擁して上京するとの風評が広まった。翌元治元年（一八六四）六月四日、長州藩は京都出兵を決定したが、その直後の五日に京都守護職の配下である新選組が長州藩士などの捕縛に踏み切った。池田屋事件だ。捕縛後に斬首された者も含めると、三〇人近くが命を落とす惨事となり、長州藩が激高したのは言うまでもない。

京都に向かった長州藩兵が御所を守る会津藩や薩摩藩などの諸藩と戦火を交えたのは、七月一九日のことである。禁門の変（蛤御門の変）と俗称される戦いは薩摩・会津藩などに凱歌が上がり、長州藩兵は本国へ敗走していった。

同二三日、御所に発砲したかどにより長州藩追討の勅命が下り、長州藩は朝敵に転落した。その後、薩摩藩など諸藩から構成される征長軍が組織されたことで、第一次長州征伐の運びとなる。

第一次長州征伐と上田藩

諸藩による激しい権力闘争が京都を舞台に繰り広げられていた頃、小三郎は上田で洋式銃隊の調練にあたっていた。藩士に小銃を持たせて銃隊を編制し、西洋式の軍事訓練を施したが、藩士のあいだでは鉄砲は足軽の持つものという意識が強かった。

刀や槍へのこだわりの強さから、武士による銃隊の編制は思うように進まなかったが、そうした事情は幕府や他藩にしても同じであった。軍制改革の道は険しかったが、実戦を経験することで、もはや刀槍の時代ではないと痛感し、銃隊編制が進んだ。最新式の小銃や大砲で装備される軍隊が誕生していく。

上田藩では洋式調練にあたる小三郎に褒美を与え、家禄も一石加増することで労に報いたが、ようやく調練の成果が試される時がやってくる。上田藩も征長軍に参加することになり、元治元年九月八日に小三郎にも従軍の命が下ったからだ。

一二日には急ぎ江戸に向かうよう指示をうけ、一七日に上田を出立した。江戸で出陣の準備にあたったのである。具体的には小銃、大砲、弾薬の確保に奔走した。上田藩としては江戸で戦備を整えたうえで、出陣する予定だった。

江戸に到着した小三郎は銃砲や弾薬の調達にあたった。さらに、一一月一八日には赤坂にあった勝の屋敷を訪ねている。文久二年末に兄の柔太郎が勝の屋敷宅を訪問しており、小三郎の近況は柔太郎を通じて伝えられただろうが、二人の対面は久しぶりのことであった。勝が咸臨丸で渡米した時は上田に戻っていたため、約四年余の歳月が経過していた。

話は少しさかのぼるが、この年の五月一四日に勝は軍艦奉行に昇格した。しかし一〇月二二日には江戸に戻るよう命じられる。一一月一〇日、勝は軍艦奉行を罷免されて無役となったが、それからまもなくして、小三郎が訪ねてきたことになる。

禁門の変の後、神戸にあった勝の私塾は幕府当局の吟味をうけた。塾生のなかに池田屋事件で新選組に殺害され、あるいは禁門の変に長州藩側として参加した者がいたことが発覚したのだ。吟味の結果、勝は幕府に仇なす脱藩者などを抱える危険人物とみなされ、罷免されたのである。

勝が免職となれば、その肝煎りで創設された神戸海軍操練所もただでは済まず、やがて廃止されてしまう。私塾も閉鎖された。

失意のどん底にあった勝のもとに、江戸出府中の小三郎が訪ねてきた格好だが、無役となった自分を訪ねてくれたことに、懐旧の念を禁じ得なかったようだ。その日の勝の日記に、我が古き門人が訪ねてきたという表現で小三郎の来訪を書き記したことからも、勝の感慨が伝わってくる。一時期疎遠になった二人だったが、その関係も修復されたのだろう。

いっぽう、勝の失脚により、私塾に在籍していた龍馬たちは行き場がなくなった。龍馬は土佐藩脱藩の身であるため、勝の庇護がうけられなくなると身を寄せる場所がなかった。そこで助け舟を出してきたのが薩摩藩だった。

貿易による富国強兵を目指す薩摩藩は海軍力の増強を志向していたが、貿易活動に不可欠な熟練の船乗りの数が足りなかった。そこで、勝の私塾で海軍教育をうけた龍馬たちのグループを取り込もうと目論んだのである。

その後、龍馬は薩摩藩に事実上所属するようなスタンスで活動する。後述するとおり、薩長両藩の融和に向けて長州藩との交渉にあたった。

英式兵制の修得

上田藩の出陣に備えて武器弾薬の調達にかけずり廻っていた小三郎は、横浜の開港場にも頻繁に出かけた。開港場で武器弾薬を扱う欧米の商人との商談に臨むためだが、横浜行きの目的はそれだけではなかった。

当時、イギリス公使館は横浜に置かれた。御殿山に建設中だった公使館が文久二年（一八六二）一二月に焼き討ちに遭ったことで横浜に移されたわけだが、公使館付武官に騎兵大尉のアプリンという人物がいた。

かつて、上田藩士の門倉伝次郎という人物が英語と西洋流の馬術をアプリンに学んだことがあり、元治元年（一八六四）九月にも西洋馬具の買い入れなどのため横浜に折々出向いていた。藩主の忠礼が藩士を率いて出陣することも想定し、馬具の購入にあたったのだろう（東郷えりか『埋もれた歴史——幕末横浜で西洋馬術を学んだ上田藩士を追って』パレード）。

小三郎は門倉の紹介でアプリンから英語を学びはじめる。独学により英語力も相当のレベルに達していたが、イギリス人やアメリカ人と直接会話する機会がなかったため、藩命で江戸に出府した機会を捉えて横浜で直接イギリス人（アプリン）から英語を学ぼうと考えたのだろう。

もちろん、英式兵制を修得したい狙いもあった。むしろ、これが本当の目的だったはずだ。

当時の小三郎の英語力については、次のようなエピソードが伝わっている。その日記によれば、アプリンと最初に対面したのは一一月四日のことだが、その折に騎兵操練法や騎兵術について尋ねている。英語よりも英式兵制を学びたい意図を隠そうとはしなかったことがわかるが、アプリンは「騎兵操典」を貸与し、これを読むよう促す。操典とは教練の制式、戦闘原則、法則を規定した教則の書であり、要するに英式兵制に関するテキストだった。

小三郎はアプリンから借りた「騎兵操典」を持って江戸に立ち帰り、昼夜寝食を忘れて読みふけった。六日目には横浜のアプリンのもとにやってきて返却したが、余りにも早かったので、アプリンの方が面食らう。

英語が読めないので、あたかも読んだかのような顔をして返してきたのではないか。そう思ったアプリンは、本当に読破したのかどうか、試しに「騎兵操典」に書かれた要点について二、三の質問をしたところ、窮することなく確答したという。

そのあとも小三郎は横浜に何度となく赴き、アプリンに質問を浴びせている。進退の合図に用いたラッパの吹き方、野外にテントで陣営（野営）を張った時に軍馬を収容する小屋はどのように造るのか、馬の飼料は通常通り大麦で良いのかなどの質問だった。質疑応答を通じて英式兵制を理解しようとしていたのだ。

当時、横浜にはイギリス軍とフランス軍が駐屯していた。生麦事件がきっかけとなり、外国人殺傷事件や居留地襲撃の噂に怯える居留外国人たちの要望に応える形で、文久三年五月一七日に英仏両国は軍隊の横浜駐屯を幕府に認めさせた。以後、明治八年（一八七五）まで駐屯を続けたが、イギリス軍の方がフランス軍よりも兵数は多く、最も多い時期で一五〇〇～一八〇〇名が駐屯した。

小三郎の日記を読むと、元治元年一一月一〇日にイギリス軍の行軍の様子を見物していたことがわかる。英式兵制を学びたい小三郎にとり、これに勝る学びの場はなかった。

横浜に駐屯するイギリス軍は、軍事力強化を目指す幕府にも魅力的に映った。将軍の直属軍として編制した三兵（歩兵・砲兵・騎兵）の士官をオランダに留学させる計画が進行していたが、わざわざオランダに派遣せずとも、横浜駐屯のイギリス軍から教練をうければ良いのではないかという妙案が浮上したのだろう。

こうして、幕府の要請をうけてイギリス軍の士官が神奈川奉行所付の兵士（歩兵）を教育することになった。その様子を小三郎が見学できたかはわからないが、アプリンを通じて訓練の様子は把握していたはずである。

第四章　幕末政局の舞台・上方に向かう

――薩摩藩の接近

第一節　長州再征をめぐる幕府と薩摩藩の対立

西郷隆盛主導による征長軍の解兵

小三郎が横浜で武器の調達に加え、イギリス公使館付武官の騎兵大尉アプリンを通じて英語と英式兵制の修得に努めていた頃、第一次長州征伐は終局を迎えつつあった。当事者の長州藩が絶体絶命の窮地に陥ったからである。

元治元年（一八六四）七月二十三日の禁門の変で敗北した長州藩は征長軍を迎え撃つことになったが、敵は征長軍だけではなかった。半月も経たないうちに、英仏蘭米の四ヵ国連合艦隊の来襲をうけていたのだ。

前年の五月、長州藩は攘夷実行の名のもと下関海峡を航行するアメリカやフランス、オランダ船に砲撃を加えたため、翌六月に報復攻撃をうけた。砲台が破壊されて軍艦も撃沈されたが、これだけでは済まなかった。欧米列強は攘夷の姿勢を崩さない長州藩や日本国内の攘夷派への警鐘として、さらなる鉄槌を下すことを決める。

英仏蘭米の四ヵ国は横浜で連合艦隊を編制し、下関へと向かった。翌元治元年八月五日、長州藩とのあいだで戦いの火蓋は切られた。

その圧倒的な軍事力の前に、長州藩はなす術《すべ》がなかった。砲台は徹底的に破壊され、陸戦隊との戦いでもふたたび敗北する。やむなく、四ヵ国に講和を申し入れることになり、下関海峡の通航の自由、下関砲台の撤去、賠償金三〇〇万ドルの支払いなどの要求を受諾した。こうした状況では、征長軍を迎え撃つ余力など残ってはいなかった。

征長軍参謀に起用された薩摩藩士西郷隆盛はこれを好機として、征長の即時断行を強く主張する。ところが、九月一一日に大坂滞在中の軍艦奉行勝海舟のもとを訪れたことが契機となり、持論を引っ込める。西郷が勝を訪問したのは、大坂湾に外国船が迫った時の幕府の対応を探るためだった。

四ヵ国連合艦隊の下関砲撃は薩摩藩にも衝撃を与えた。前年の薩英戦争でイギリス軍艦からの砲撃という洗礼を受けたことは大きかった。鹿児島湾に配置した砲台の大半は破壊され、鹿児島城下の一部も焼失した。

このことからも、欧米列強との戦争を経験済みだった薩摩藩の危機意識が相当強かったことは想像するにたやすい。仮に外国艦隊が大坂湾に来航して砲撃を加えれば、天皇のいる京都の防備も危うくなることから、大坂湾の海防責任者でもある勝との対面を通じて、幕府の対処策を探ろうとしたのである。

勝は西郷とは初対面だったが、意外な言葉を発した。

幕府にはもはや当事者能力がないとして、賢明な諸侯つまり雄藩と称されるような有力諸藩の連合をもって対処すべきという私見を開陳したのだ。いわゆる雄藩連合論（共和政治）であったが、長州征伐についても幕府は当てにならず、雄藩の奮発がなければ画餅に帰すと述べ、西郷を驚かせた。

西郷は勝との対面を通して、今は挙国一致で外圧に対抗しなければならない時であり、内戦（長州征伐）などしている場合ではないことを強く認識するようになる。ここで言う雄藩とは、幕政への関与を許されなかった外様の薩摩藩や親藩の福井藩といった有力諸藩を指す。

以後、西郷は征長の即時断行から戦争回避へと傾斜していく。長州藩をもって長州藩を征する方針のもと、毛利家一門で岩国藩主の吉川経幹《きっかわつねもと》を通して、長州藩を帰順させようと目論んだ。

当時、長州藩内は徹底抗戦を叫ぶ藩士と帰順を望む藩士に二分され、内輪もめしている状況でもあった。西郷は征長軍総督を務める尾張前々藩主の徳川慶勝《よしかつ》に対し、自分が出向いて帰順させるようにしたいと申し出た。

慶勝は西郷の申し出を是とし、対応を一任する。戦わずして長州藩を屈服させることができれば、征長軍に参加する諸藩にしても、これ以上の財政負担を被らなくて済むという読みもあった。

西郷の奔走の結果、長州藩は帰順をうけいれ、禁門の変の責任者として三人の家老と四人の参謀の首級を差し出した。さらに、萩城から政庁が移された山口城の破却、藩主父子の自筆の謝罪状、長州藩に保護されていた三条実美たちの引き渡しの諸条件も呑んだ。

これをうけて、総督の慶勝は征長軍の撤兵を命じる。ここに第一次長州征伐は終わった。時に、一二月二七日のことであった。

横浜にふたたび通う小三郎

いったん征長軍が解兵となったことを受け、参加の諸藩は帰国の途に就いた。翌二年（一八六五）正月一五日、江戸で戦備を整えていた上田藩にも征長の中止が伝えられ、一八日には小三郎も上田に戻った。

ところが、帰国した小三郎はすぐに江戸へ出府しており、横浜とのあいだを往復する日々がふたたびはじまる。アプリンのもとに通い、英語と英式兵制の修得を続けた。

恐らく、小三郎の強い要望を藩が認めたのだろう。

横浜でないと、英語と英式兵制をイギリス人から直接学ぶことはできなかった。江戸に滞在していれば横浜にも通え、英語はもちろん英式兵制をより修得できる。イギリス軍人から直接教えを受けられる絶好の機会を逃すまいと、江戸出府を藩に嘆願して、願いが認められたとみるのが自然だ。

征長は中止になったとはいえ、内憂外患の折柄、上田藩にしても幕府からいつ動員がかかるかわからなかった。実際半年も経たないうちに、征長軍への参加をふたたび命じられることになるのはこれからみていくとおりである。

上田藩としてはその時に備える必要があり、軍備強化のため小三郎の願いをいれ、江戸への出府を許した。藩の軍備強化はまだ緒についたばかりだった。

小三郎は横浜へ頻繁に通い、アプリン以外のイギリス軍人にも質問している。アプリンたちが江戸に出てきた時は応接にあたったが、そんな千載一遇の機会を利用して、英式兵制はもちろん西洋社会についても質問を浴びせたに違いない。

開国したとはいえ、外国人と直接話せる機会はまだまだ限られていた。小三郎にはそれまで洋行の経験もなく、その後もなかった。よって、イギリス人と直接話せる機会を最大限活かすことで西洋社会を深く知ろうとしたと考えられる。

こののち、小三郎が洋行することなく西洋をモデルにした政体論を具体的に展開できたのも、西洋人と直接話せる機会を通じて西洋社会に関する知識を深められたことが大きかったはずだ。質疑応答により、理解度が深まったのである。

二月二〇日には、かつて入門していた砲術家の下曾根信敦に再入門する。越中島でおこなわれた砲術訓練もみているが、小三郎が再入門した理由は砲術修業ではなく、これからみていくとおり下曾根からの依頼で蔵書のイギリス兵書を翻訳するためだった。

ただし、語学力があればそれで良いというわけではない。兵書の翻訳ならば軍事知識が必須で、英国の兵書を翻訳するならば、疑問点をイギリス陸軍の軍人に直接尋ねるのが最良の方法であった。

運良く、小三郎はアプリンに直接質問できる環境下にあった。横浜に通った日々は、兵書の翻訳にもおおいに役立ったのである。

長州再征を強行する幕府

横浜とのあいだを往復する日々を再開した小三郎だったが、その歳月は長く続かなかった。時局が悪化して第二次長州征伐つまり長州再征の運びとなり、上田藩も動員されたからだ。小三郎にも出陣の命が下る。

長州再征までの経緯を整理しておこう。

元治元年（一八六四）一二月二七日に第一次長州征伐は終わったが、一戦も交えずに征長軍が解兵したことに幕府は不満であった。あまりに寛大ではないかというわけである。ともかくも戦争は終わったものの、戦後処理はまた別の話だった。長州藩にいかなる処分を下すかが次の課題となった。

西郷は総督の慶勝の承諾も得て、藩主毛利敬親《たかちか》・世子広封《ひろあつ》父子の落飾退隠《らくしょくたいいん》、一〇万石の減封などを提案した。落飾とは出家のことだが、幕府はこの処分案では軽すぎると反発し、毛利父子、長州藩に保護されていた三条実美たちの江戸送還も求めた。藩主父子を人質に取れば、長州藩は二度と幕府に刃向かわないだろうと考えたのだ。

元治二年改め慶応元年（一八六五）三月二九日には、この幕命に長州藩が従わなければ、将軍家茂が江戸を進発すると諸藩に通達する。第二次長州征伐（長州再征）の予告であった。

断固たる姿勢をみせさえすれば長州藩も屈服するだろうと、幕府は事態を楽観視していた。ところが、長州藩ではすでに藩論が転換しており、もくろみは外れた。対幕府強硬派の藩士高杉晋作が内戦の末、恭順派の藩士から藩政の主導権を奪取していたのである。

そのため、藩主父子の江戸送還の求めなどには応じるはずもなかった。危機感を強めた幕府は、四月一九日に長州再征と将軍進発を布告した。予告したとおり、将軍みずから長州藩を征伐するために出陣することで、不退転の決意を示した。

ここに、幕府や諸藩の兵士からなる征長軍がふたたび組織される運びとなった。五月一六日に家茂は江戸城を進発し、閏五月二五日には大坂城に入った。

将軍みずから大坂城まで本陣を進めた以上、征長軍に参加する諸藩も続々と大坂に向かった。このときは上田藩も大坂へ向かうことになり、藩主松平忠礼も家茂の軍列に加えられた。

従軍した上田藩兵は総勢一〇〇〇人を超えた。松平家が総力を挙げて、家茂率いる征長軍に馳せ参じたことがよくわかる陣容である。

幕府と運命をともにすることが義務付けられた譜代大名としては、将軍が戦陣に立つとなれば全藩を挙げて出陣しなければならなかったのだ。このとき、小三郎のほか、兄の芦田柔太郎も戦陣に加わっている。

小三郎が海路、江戸から大坂に向かったのは五月二八日のことである。閏五月一五日には大坂に到着している。

長州藩の軍備強化をバックアップした薩摩藩

幕府は長州征伐への不退転の決意を示すため、家茂が大坂城まで本陣を進めたが、長州再征の動きに猛反発したのが先の征長軍では薩摩藩代表として参謀を務めた西郷であった。

前回の長州征伐では西郷が長州藩に情けをかける形で、戦わずして征長軍を解兵させてしまったが、幕府内にはあまりに手緩いという不満が渦巻いていた。その不満が噴出する流れで幕府は長州再征に踏み切ったが、今度はあてつけられた側の西郷が不満を抱くのは至極当然である。

当時、薩摩藩は長州征伐後に幕府の矛先がみずからに向かうことを強く意識していた。お互いを仮想敵国とみなす方向性が露わになりはじめており、薩摩藩では藩地に割拠して富国強兵に努める必要があると考えていた。

そんな危機感から、敵の敵は味方ではないが、西郷つまり薩摩藩は長州藩との提携の道を探りはじめた。幕府とははっきり距離を置き、一転、長州藩の軍備強化をバックアップする方針に舵を切った。

六月、龍馬と中岡慎太郎（土佐藩脱藩浪士）が仲介する形で、長州藩は薩摩藩を通じて武器が購入できるようになった。幕府だけでなく諸藩も外国商人から武器や軍艦を購入できたものの、武器は幕府に事前に届け出る、軍艦は開港地を支配する神奈川奉行・長崎奉行・箱館奉行経由で注文すると定められていた。

つまり、幕府の敵である長州藩は自藩の名義で武器や軍艦を購入する道は封ぜられていたのだ。そのため他藩、このときは薩摩藩の名義で買った武器を転売してもらうしかなく、龍馬たちを介してその旨を依頼し、薩摩藩の承諾を得たのである。

翌七月、長州藩は薩摩藩の名義を借りて、長崎のグラバー商会から新式の鉄砲を大量に手に入れることに成功する。征長軍を迎え撃つための準備に弾みがついた。

そのなかで、九月二一日に幕府代表の一橋慶喜が朝廷での会議（朝議）で長州再征の勅許を勝ち取った。征長軍は前回と同じく、勅命に基づいて編制される形となった。以後、幕府は勅命であるとして征長軍への参加を諸藩に義務付けていく。

薩摩藩では西郷の盟友である大久保利通が奔走して勅許が下りないよう朝廷工作したものの、慶喜の前に敗北を喫した。天皇の命とあれば、薩摩藩もふたたび征長軍に参加しなければならなくなる。

長州再征の勅許は西郷の不満を増幅させたが、大久保などは「非義之勅命」は勅命でないから奉じる必要はないとまで言い切っている。道理に背く勅命は拒否する姿勢を鮮明にしており、実際に薩摩藩は征長軍に参加しなかった。

長州再征に反対したのは薩摩藩だけではない。当時は薩摩藩と行動をともにすることが多かった親藩の福井藩も反対の意思を明確にしていた。福井藩の最高実力者である前藩主の松平春嶽は次のような考えの持ち主だった。

藩主毛利父子の江戸召喚の命に従わないとして長州藩と戦争になっても、諸藩は幕府と長州藩の私闘とみなして征長軍に参加しないだろう。幕府による私怨とみなされるのではないか。

徳川一門の親藩大名として、長州再征の強行により幕府の権威が失墜することを恐れたのだ。

長州再征をめぐって幕府と雄藩のあいだの亀裂が深まるなか、譜代大名たる上田藩は征長軍に参加した。大坂での滞陣は一年余にもおよんだが、そのあいだ小三郎は自分の名を高めることになる『英国歩兵練法』の翻訳に取り組んでいた。

第二節　『英国歩兵練法』の刊行と福沢諭吉

英語力で幕臣に取り立てられた福沢諭吉

この時代、英語に注目した人物として取り上げられることが多いのは、第二章で登場した福沢諭吉である。咸臨丸が渡米した万延元年（一八六〇）の時点に、話はさかのぼる。

福沢が帰国したのは同年五月のことだが、早くも八月には『増訂　華英通語』を刊行している。サンフランシスコ滞在中に購入した『華英通語』という中英辞典に、カタカナで発音と和訳を付けて『増訂　華英通語』として刊行したが、売れ行きは好調だったようだ。咸臨丸の渡米により、英語圏への関心が高まっていたことがうかがえる。

一一月からは中津藩士の身分のまま、外交文書の翻訳者として幕府の外国方に出仕することになった。勤務先は江戸城の本丸御殿である。福沢を高く評価する木村の推挙によるものらしい。

外国方で最重要視された部署は御書翰掛だった。外国公使や領事から送られてきた書簡の翻訳、日本側から送る書簡の翻訳、外交交渉に必要な文書案の作成などを担当し、幕府の外交政策を支える部署だった。福沢が出仕したのはこの御書翰掛であり、それは外交機密を知りうる立場になったことを意味した。

福沢の身分は外国奉行支配翻訳御用御雇というもので、俸禄は二〇人扶持、御手当金が一五両だった。陪臣たる中津藩士としては一三石一人扶持であるから、その数倍の手当が支給されたことになる。それだけ、英語を読み書きできる者が日本では貴重だったのであり、咸臨丸への乗船を許されて渡米した経験は実に大きかった。

英語力をアップできた点でも、外国方での勤務はプラスとなる。福沢自身、次のように回顧している。

私は幕府の外国方（今で言えば外務省）に雇われた。その次第は、外国の公使領事から政府の閣老または外国奉行へ差出す書翰を翻訳するためである。当時の日本に英仏等の文を読む者もなければ書く者もないから、諸外国の公使領事より来る公文には必ずオランダの翻訳文を添うるの慣例にてありしが、幕府人に横文字読む者とては一人もなく、止むを得ず吾々如き陪臣《ばいしん》（大名の家来）の蘭書読む者を雇うて用を弁じたことであるが、雇われたについてはおのずから利益のあるというのは、たとえば英公使、米公使というような者から来る書翰の原文が英文で、ソレにオランダの訳文が添うてある。如何かしてこの翻訳文を見ずに直接《ジカ》に英文を翻訳してやりたいものだと思って試みる、試みている間にわからぬところがある、わからぬと蘭訳文を見る、見るとわかるというような訳けで、なかなか英文研究の為《た》めになりました。ソレからもう一つには幕府の外務省にはおのずから書物がある。種々様々な英文の原書がある。役所に出ていて読むのは勿論、借りて自家《ウチ》へ持って来ることも出来るから、ソンナことで幕府に雇われたのは身の為めに大いに便利になりました。

（『新訂福翁自伝』）

諸外国の公使や領事から幕府に送られてくる書簡には、オランダ語の訳文が添えられていた。福沢にとってはオランダ語の解読はお手のもので、第二の母国語のようなものだった。加えて、オランダ語と対照させることで自然と英語力が身についたことがわかる。外国方での勤務は福沢の英語力を格段に上昇させていく。

福沢の証言からは、外国方の部屋に備えつけられた英文の原書を自宅に持ち帰っていることもわかる。職務上の特権、役得といったところだが、英語力のみならず、海外事情にも自然と詳しくなったはずだ。

文久二年（一八六二）には渡欧できる機会に恵まれる。

国内の攘夷運動の高揚をうけ、幕府はアメリカなど五ヵ国と結んだ通商条約に盛り込まれた江戸・大坂の開市、兵庫・新潟の開港（長崎・横浜・箱館は条文通り開港済み）などの約束を果たせなくなる。そこで、条約を結んだ欧米諸国に開市・開港の延期を申し入れるため遣欧使節の派遣を決めるが、福沢は運良く、一行に同行する通訳の一人に選ばれた。

文久二年元旦に、使節団は長崎を出航する。フランス、イギリス、オランダ、プロシア、ロシア、ポルトガルを歴訪し、同年一二月一一日に帰国した。開市と開港の延期交渉は五年間の延期で妥協が成立したが、筆まめな福沢は、約一年にもわたるヨーロッパ諸国歴訪での見聞を『西航記』、『西航手帳』として記録している。

元治元年（一八六四）一〇月には幕臣に抜擢された。それも殿様と呼ばれる旗本身分であり、将軍の直臣という点では主君の奥平家と同格になった。役職は外国奉行支配調役次席で、仕事は翻訳業務であった。

陪臣から天下の御直参たる幕臣への大出世は身につけた英語力のなせる業だったが、この頃、小三郎は英語と英式兵制を修得するため横浜に通い詰めていた。

『英国歩兵練法』の刊行

譜代大名の家臣だった小三郎と福沢は英語力で頭角を現した点で共通している。福沢は幕府外国方での公務のかたわら、著作活動にも力を入れた。なかでも、後述する『西洋事情』が大ベストセラーとなったことで福沢の名は天下に轟いた。いっぽう、小三郎の名が知られるきっかけとなった『英国歩兵練法』刊行までの経緯は次のとおりである。

かつて、小三郎はオランダ陸海軍の歩兵を対象とした教本の翻訳書を刊行したことがあった。安政五年刊の『矢ごろのかね　小銃彀率』のことだが、売れ行きが悪かったため借金に苦しめられた。

文久二年六月より、幕府はオランダ陸軍をモデルに歩兵・砲兵・騎兵三兵の編制を目指したが、それには三兵の教練法や戦闘原則が収められた操典、つまり教本を翻訳しなければならなかった。そこで、元治元年以降に幕府の陸軍所から『歩兵練法』などの翻訳書が刊行されることになった。

時系列からみると、小三郎が幕府に先んじて操典の翻訳書を刊行した格好である。売れ行きが悪かったのは、時代の先を行き過ぎたことが理由だったのかもしれない。

いっぽう、幕府内で英式の兵制を高く評価する下曾根は、イギリス陸軍の「歩兵操典」を翻訳して世に広めようと考える。そこで英語力に秀でた門人の小三郎をして翻訳させたのが、一八六二年式施条銃を持つイギリス歩兵の操典『英国歩兵練法』（五編八冊）である。

このときの翻訳は師匠の下曾根から依頼された仕事であり、出版費用を負担する必要はなかった。原稿を提出して翻訳料を受け取る形が取られ、下曾根が出版元だった。

小三郎は翻訳に取りかかるが、実際は加賀藩士浅津富之助との分担での訳出となる。折しも、長州再征のため上田藩は出陣を命じられ、小三郎も軍列に加わって大坂に向かった。軍務の暇をみつけて翻訳しなければならず、時間も限られたことから浅津との共訳になったのだろう。

第一・三・五編が小三郎、第二・四編が浅津の翻訳だった。第一編は「新兵即隊列操練の式」、第二編は「小隊操練式」、第三編は「筋入銃用ひ方」、第四編は「一大隊の体制及運動」、第五編は「軽歩兵の式」である。

小三郎は翻訳作業が終了するまでの一年近くのあいだ、京都や伏見に何度も往復したほか、江戸や上田にも出向いていた。そんな東奔西走の日々のなか、翻訳に勤しんだのだ。なお、慶応二年四月に実父芦田勘兵衛が上田で病死したため、兄柔太郎ともども帰国している。

早くも慶応元年（一八六五）夏に『英国歩兵練法』第一編の翻訳が終わり、その年の冬には全編の翻訳が揃った。全編が刊行されたのは、翌二年三月のことであった。

オランダ陸軍の「歩兵操典」の翻訳書はすでに刊行されていたが、イギリス陸軍の「歩兵操典」が翻訳されたのはこれが最初である。これに続く形で、幕臣の古屋佐久左衛門がイギリス陸軍の「歩兵操典」の翻訳書『歩兵令詞』を刊行したのは慶応三年であり、『英国歩兵操練図解』の刊行は翌四年のことだった。

『英国歩兵練法』には、薩摩藩や長州藩が戦火を交えたイギリス軍の戦い方がわかる貴重な情報が詰まっており、非常に注目された。同書を読めばイギリス軍歩兵はどのような教練を受け、どんな戦闘隊形を取って戦うのかがおのずとわかるからだ。それにともない、翻訳者たる小三郎の名も広く知られるようになったのは言うまでもない。

ベストセラーとなった『西洋事情』

慶応二年三月に小三郎が『英国歩兵練法』を刊行した後、福沢の代名詞の一つとなった『西洋事情』の刊行が開始された。同年初冬に初編（三冊）、翌年に外編（三冊）、明治三年（一八七〇）に外編（四冊）が刊行され、全一〇冊の大著となる。

すでにのべたとおり、文久二年、幕府はヨーロッパ諸国との開市・開港の延期交渉に臨むため使節団を派遣した。通訳で同行した福沢はその時の見聞をもとに、西洋諸国の政治・経済・社会・風俗など、当時の日本では知られていない西洋の事物をわかりやすく紹介するため、同書を刊行したのである。

『西洋事情』初編の巻之一では政治のあり方、税法、国債、紙幣、商事会社、外国交際、兵制など二十数項目を設けて、西洋文明の事物が紹介された。巻之二以降はアメリカ、オランダ、イギリスなど西洋各国の歴史、政治、軍事、財政事情が紹介されている。

福沢は日本にはない西洋の事物を紹介するにあたって、読者がよく理解できるよう新たに訳語を作り、その訳語に長文の説明を加えた。例えば、「フリードム」または「リバアティ」の言葉に「自主任意」「自由」などの訳語を与えたうえで、長文の説明を付けている。その訳語だけでは、自由にどんな意味があるのか日本人には皆目わからないため、説明を加えたのである。

福沢自身も『西洋事情』のコンセプトについて次のように語る。

外国の人に一番わかり易いことでほとんど字引にも載せないというようなことが、此方《こっち》では一番六《むつ》かしい。だから原書を調べてソレでわからないということだけをこの逗留中に調べておきたいものだと思って、その方向でもって、これは相当の人だと思えばその人について調べるということに力を尽くして、聞くに従って一寸《ちょい》〳〵こういうように（このとき先生細長くして古々しき一小冊子を示す）しるしておいて、それから日本に帰ってから、ソレを台にしてなお色々な原書を調べまた記憶するところを綴り合わせて、西洋事情というものが出来ました。

（『新訂福翁自伝』）

西洋人には自明のことであるため字引にも掲載されない事物のうち、日本人がその実態を理解できない事柄をまとめたのだ。『福翁自伝』では病院・銀行・郵便法・徴兵令・選挙法などが、その具体例として挙げられている。

病院を運営する経費は誰が出しているのか、銀行に預けられた金の出入りはどうなっているのか、郵便法や徴兵令はどういうものなのか、選挙法はどんな法律で、議院とはどんな役所なのか、福沢にはさっぱりわからなかったという。

西洋人に質問しても、わかり切ったことを聞いていると思われて笑われるのみであった。冷笑されたことがわかるが、日本人からしてみると、全くわからないのだから始末におえない。その実態がわかるまで五日も一〇日も要したと回顧している。

使節団の通訳としてヨーロッパ諸国をめぐった時の見聞は『西航記』、『西航手帳』として記録していたが、『西洋事情』初編が出版されたのは渡欧から四年後の慶応二年のことであった。原稿の整理や資料の調査に時間がかかったことは否めないが、出版まで四年間も要したのは攘夷運動が高揚した時勢への配慮があったとされる。自分の身に危険が迫ることを危惧したのである。

実は初編については元治元年の段階で草稿が出来上がっていたようであり、写本としても出回っていた。福沢は草稿段階のものを人に見せており、それが次々と書き写されたようだ（平山洋『福澤諭吉』ミネルヴァ書房）。どれくらい需要があるのか、見極めようとしたのだろう。

そして、慶応二年三月から六月にかけて初編が成稿となる。一〇月に至って店頭に並んだが、海賊版が出版されるほどの人気を博した。

小三郎も大ベストセラーとなった『西洋事情』は読んだはずだ。写本の段階ですでに読んでいたかもしれない。

第三節　京都での開塾

長州再征の失敗

幕府は勅命を楯に征長軍への参加を諸藩に命じたが、薩摩藩などの雄藩はあくまでも戦列に加わることを拒否した。そんな足並みの乱れもあり、幕府は開戦に踏み切れずにいた。そのため、将軍家茂の大坂城滞陣は一年以上にもおよんでしまった。征長軍内には厭戦気分が蔓延したが、そうした事情は上田藩も例外ではなかっただろう。

いっぽう、長州藩は薩摩藩のバックアップのもと軍備の充実を急ピッチで進め、慶応二年一月二二日には龍馬が仲介役となる格好で、薩摩藩代表の西郷と長州藩代表の桂小五郎《かつらこごろう》（木戸孝允《きどたかよし》）が盟約を結んだ。いわゆる薩長同盟である。

長州藩の最大の関心事は朝敵の汚名を雪《そそ》ぐことであった。だが、当事者が嘆願するだけでは無理な案件となっており、薩摩藩の助力を期待していた。

そこで、薩摩藩はその要望に応える形で長州藩復権のため尽力すると約束した。目的実現のためには、征長を推し進める慶喜や会津・桑名藩との交戦も最終的には辞さないことも約した。

口約束であったとはいえ、四面楚歌の長州藩が薩摩藩と盟約を結んだことは実に大きかった。四月一四日、薩摩藩は薩長盟約をうける形で、「今回の長州征伐には大義名分がなく、出兵を命じられても断る」旨の上申書を老中板倉勝静に提出した。

征長軍への参加を求め続けた幕府に対する最終回答だった。薩摩藩に歩調をあわせる形で、出兵を拒否する藩も少なくなかった。

しかし、幕府は長州藩に最後通告を発した。

藩主毛利敬親の蟄居《ちっきょ》・隠居、広封の永蟄居、別に毛利家一族から選んで藩主とする、一〇万石の減封、禁門の変の責任者として処刑された三家老の家名断絶という処分を受諾しなければ、長州藩領に攻め込むと予告したが、開戦の決意を固めていた長州藩は幕府の示した期限までに回答する気などさらさらなかった。

六月七日より征長軍は長州藩領に攻め込むが、緒戦から各所で敗北を喫した。征長軍の敗退をみて戦線を離脱する藩も多かった。幕府の敗勢は必至の状況となる。

敗色濃厚のなか、予《かね》てから脚気《かっけ》に苦しんでいた家茂は重篤の状態に陥り、大坂城で死去

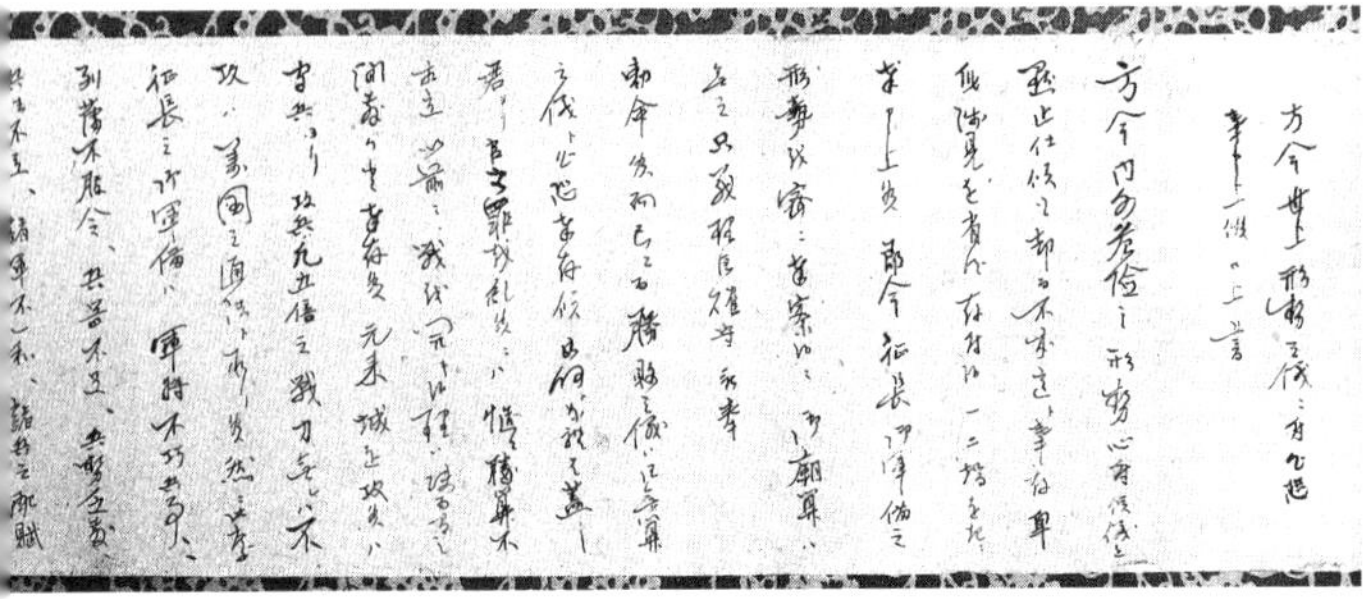

した。開戦からわずか約一ヵ月後の七月二〇日のことであった。

　家茂の死は幕府に大きな衝撃を与え、征長軍の戦意を砕いた。幕府は絶体絶命の窮地に陥るが、この難局を乗り切れる政治手腕を持ち合わせていたのは慶喜を措いて他にいなかった。

　当初、慶喜はみずから出陣することで局面の打開をはかろうと目論んだが、九州から長州藩領に攻め込む予定の征長軍が総崩れとなったことで態度を豹変させ、出陣を急遽中止した。征長軍と長州藩に休戦を命じる沙汰書（八月二一日付）を朝廷に出させることで、敗戦の事実をうやむやにしようとはかるが、長州再征が失敗に終わったことに変わりはなかった。

　幕府の権威は地に落ちたのである。

幕政改革と上田藩政の改革を訴える

「幕府宛赤松小三郎建白書」冒頭（右）と末尾（上田市立博物館蔵）

征長軍の一員として大坂での滞陣が続いていた上田藩も、休戦の沙汰書が出されたことをうけて国元に引き揚げたが、小三郎は帰国しなかった。これから見ていくとおり、終焉の地となる京都にとどまり、憂国の士として藩士の枠を超えた政治活動を活発に展開する。

その先駆けとなったのが慶応二年八月付で作成された長文の幕府宛建白書であり、内容からみると休戦の沙汰書が出される前に書かれたようだ。敗勢は覆うべくもなく、幕府権威の失墜が決定的になりつつあった時勢を慨嘆し、今後なすべきことを建白している。

その下書（「幕府宛赤松小三郎建白書」）が現在残されている。建白書が実際に提出されたものとすれば上田藩には事前にみせたはずだが、こうした小三郎の政治活動については幕政批判とうけとられかねないとして危惧の念は深かっただろう。

建白書の冒頭で、長州再征に勝算はないと断じる。その理由として、将が兵事に暗いこと、諸藩が幕府の命に従わないこと、兵器が足りないこと、兵の士気が上がらないこと、兵法がなく兵の配置が不適切であることを挙げている。

そして、今般は非常時であり破格の改正が急務として、家格や禄高には縛られない能力に応じた人材の登用が富国強兵には必要と訴えた。

イギリスやアメリカをモデルとした軍制改革や農兵の採用など、軍備強化のための具体的な提案も随所にみられ、幕府・藩を問わず身分制度に縛られて硬直化した人材登用のシステムに、なんとしても風穴をあけたい痛烈な思いが全体を通して滲み出ている。

高禄で身分の高い武士は現状に甘んじて学術を身につけようとする意思に乏しいが、小禄で身分の低い者は青雲の志を持っており、その意思は旺盛である。下級武士の方が才能ある者が揃っているとも、この建白書では述べている。

続けて翌九月には、藩主松平忠礼に対して次のような建白書（「上田藩主宛赤松小三郎建白書」）を提出する。

「今般は国家つまり藩の興廃にも関わる非常時であるから、破格の改正を実現しなければ朝廷や幕府への御奉公にはならない。上田藩の富国強兵への道は、家格や禄高には縛られない能力に応じた人材の登用を措いて他にない」と訴えており、その点、幕府宛建白書と全く同じスタンスだった。

藩主の忠礼に対しては、藩政も軍事もみずから指揮を執ることを強く求めた。他藩の藩主のなかには若年の身であっても、西洋諸国の兵書や洋書に学ぶことで軍事の指揮を執り、軍制改革にも取り組む者がいるとして奮起を促した。忠礼は嘉永三年（一八五〇）生まれであるから、当時一七歳だった。

最後に、今般の時勢の詳細について直接御下問に与《あずか》ることがあれば、万国共通の法則、諸藩の形勢などを委細申し上げますと結んでいる。

三年前の文久三年にも、小三郎は藩の現状を憂いて藩当局への意見書を作成したが、今回の建白書に滲み出ている危機感は前回の比ではない。あたかも藩主に対する諫言《かんげん》となっており、相当な覚悟を持って提出したことがうかがえる。

それだけ、長州再征の失敗による幕府権威の失墜、幕府の運命をともにすることを義務付けられた上田藩の現状への危機感が強かった。加えて、今は非常時として、能力に応じた人材の登用により富国強兵を実現するよう幕府や上田藩に求めた。家格や禄高に縛られた当時の人事制度では世に出ることが叶わない小三郎の焦りも読み取れる。

京都で兵学塾を開く

この二つの建白書からは、居ても立ってもいられないほどの小三郎の危機意識が読み取れる。とりわけ藩主宛建白書は処罰も覚悟した諫言だったはずだが、なぜ小三郎はそんな過激な行動に出たのか。

征長軍への従軍により、将軍が滞陣した大坂や天皇のいる京都、すなわち幕末政局の舞台となった上方に長らく身を置いたことが大きかったのは間違いない。藩内にいては実感できなかった激動の幕末を肌で感じたことが小三郎を変えていく。

とりわけ京都で、諸大名や公家、幕臣や諸藩の藩士そして草莽の志士たちが政治活動を激しく展開する有り様を見て、自分も国事に携わりたい、とおおいに刺激をうけたのだろう。

まず、小三郎は建白書の提出という形でアクションを起こしたが、以後帰国することはなく、京都で兵学塾を開いた。本来ならば帰国して上田藩の軍制改革に取り組むところであったが、京都にとどまった。

先の藩主宛建白書にも書かれていたことだが、藩士への軍事教練を小三郎に依頼してくる藩も現れていた。『英国歩兵練法』の刊行によって英式兵制に通じた兵学者として認知され、軍事教官として声がかかるようになっていたことがわかる。

上田藩士である以上、藩の軍制改革のために働かなければならなかったが、自分の能力が他藩から注目されるようになると、藩の枠を超えて活動したい気持ちが湧きあがってくるのを抑えられなかった。自分の能力を国家のために役立てたい。まだ三十半ばでもあり、国政で自分の力を発揮してみたいという大望を抱いていたことは否めないが、これから述べていくとおり、そんな大望が小三郎の命を縮めることになってしまう。

それには、京都にとどまることが必要だった。帰国してしまえば、その望みを果たすのは夢のまた夢となる。

だが、京都にとどまるには理由がなくてはならない。小三郎は京都にとどまる理由として痔を挙げている。痔のため長旅ができない、つまり上田までの旅は無理であるとして京都にとどまることを願い出て、藩の許可を得ている。

この時代、痔に苦しむ者は多く、武士とて例外ではない。参勤交代のため駕籠での長道中を強いられる大名のうち、痔の症状はその者の生死に関わる問題となっていた。痔のため騎乗できないとして、駕籠での登場を願った西丸《にしのまる》小納戸《こなんど》遠山景元の事例なども散見される。のちの町奉行遠山金四郎のことである。

ただし、長旅に耐えられるまでに症状が回復すれば、小三郎は上田に帰国しなければならなかったため、まだ回復していないと申し立てることで、京都にとどまり続けた。痔の症状は確かにあったのだろうが、要するに京都にとどまるための方便だった。そのため、小三郎の京都逗留が長期化すると、帰国の催促は激しくならざるを得ない。小三郎の真意を摑んでいたからだろう。

表向き、痔のため帰国できないとの理由で京都にとどまった小三郎は藩の許可を得たうえで、二条城に近い二条衣棚《ころもたな》に英式兵制を教授する兵学塾を開いた。その時期はよくわからないが、藩主宛の建白書を提出した後だろう。

その頃、小三郎の師匠の一人である勝も京都にいた。

当時、勝は慶喜の命をうけて長州藩との休戦交渉に臨むため、安芸の宮島に出向いていた。要するに長州再征の後始末を命じられ、なんとか交渉をまとめ上げて京都に戻っていた。

勝の日記によれば、小三郎が兄の柔太郎と一緒に訪ねてきたのは一〇月三日のこととされ、これが勝との最後の対面になる。二日前の一日に、勝は江戸に戻ることが命じられていたからだ。

当初、小三郎の塾は純然たる兵学塾だったが、次第に政治塾のような性格もあわせ持つようになる。小三郎が兵学者の枠を超え、名実ともに政治活動へと足を踏み入れていく過程をまさに示していた。

第四節　薩摩藩の招聘

イギリスをモデルとした薩摩藩の軍制改革

京都で英式兵制を教授する兵学塾を開いた小三郎のもとには諸藩の藩士たちがその門を叩いた。さらには、藩士への軍事教練つまり調練を小三郎に依頼してくる藩もあった。幕府にせよ藩にせよ、従来はオランダをモデルに兵制改革を進めていたが、この頃になるとイギリスやフランスの兵制を導入する傾向が顕著となる。

というよりも、英式兵制を導入する藩の方が多かった。イギリスが大英帝国として世界の覇権を握る強国であることが知れ渡ったからだろう。

幕府内にも小三郎の師である下曾根のように英式兵制を高く評価する者がいたが、フランスとの提携による幕権強化の流れのなか、仏式兵制の導入という政治判断が下された。フランス陸軍から教師団が招かれ、仏式の軍事教練が開始されたのである。

いっぽう、諸藩では英式兵制を採用する藩の方が多く、その代表格こそ薩摩藩だった。文久三年（一八六三）七月の薩英戦争を通じて、欧米列強の軍事力に到底太刀打ちできない現実を思い知らされた薩摩藩では、戦火を交えたイギリスをモデルとした軍事改革を推し進める。イギリスを通じて蒸気船や新式の施条銃を購入し、英式兵制のもと軍事力の強化を目指した。購入した施条銃の数は約一万挺にも達した。

薩摩藩では早くから藩士に英式調練を課していたが、となれば小三郎の存在が視界に入ってくるのは時間の問題だった。

あわせて、藩士教育の充実もはかられた。翌元治元年（一八六四）六月に、欧米列強に対抗できる軍事技術や諸科学、そして英語・オランダ語を教授する開成所を設立し、藩内から選抜した俊才を学ばせるシステムを構築した。軍事技術としては砲術・兵法・築城、諸科学としては測量・航海・造船・数学・物理・医学などが教育された。

非常に充実したカリキュラムにより人材の育成がはかられたが、さすがに藩内だけで教官を確保できず、藩外から広く招聘した。長崎などで英学を学んだ前島密《まえじまひそか》はその一人だ。

慶応元年（一八六五）には開成所で学ぶ生徒から選抜し、イギリスに留学生として派遣した。イギリスとの提携路線を象徴する人事交流だが、幕府の許可なしでの海外渡航は依然として禁止されており、イギリス留学は密航の形を取った。初代文部大臣の森有礼《もりありのり》もこの時の留学生の一人だった。同二年（一八六六）六月一六日には鹿児島を訪問したイギリス公使パークスが薩摩藩の歓待をうけ、その親密な関係がアピールされた。

イギリスとの提携により軍事力の強化をはかった薩摩藩だが、大量の施条銃を手に入れたところで使いこなせなければ宝の持ち腐れである。そこで、多数の藩士が駐屯する京都藩邸や国元で英式での調練や施条銃の射撃訓練がはじまる。しかし、イギリス陸軍の軍人が教官ではないため、その練度にはおのずから限界があった。「歩兵操典」という教本はあったものの、原書だったことがネックでもあった。

こうした状況下で、慶応二年に小三郎と浅津富之助による翻訳本『英国歩兵練法』が刊行されたことで、練度のアップが容易になった。さらに、英式兵制に通じた兵学者を教官として招聘できれば、薩摩藩の軍事力は名実ともにアップするはずだ。

そこで白羽の矢が立てられたのが、小三郎なのである。

小三郎と薩摩藩を繋いだ野津道貫

薩摩藩は富国強兵を担う人材を育成するため、開成所で藩士に先進的な教育を施すだけでなくイギリス留学までさせた。江戸にも藩士を派遣し、砲術家として知られた幕臣の塾に入門させた。江川太郎左衛門と下曾根の二人である。

藩士の黒田清隆や大山巌たちは江川太郎左衛門の塾で砲術を学んだ。江川は下曾根とともに、日本近代砲術の祖とも称される高島秋帆《しゅうはん》から高島流砲術を伝授された人物だった。

野津道貫

いっぽう、下曾根の塾で学んだ藩士はのちに元帥となる野津道貫《のづみちつら》であり、当時は野津七次と称した。江戸に出府したのは慶応元年のことという。

すでに述べたとおり、下曾根は幕府内で英式兵制を高く評価していた。英式兵制に通じた兵学者の招聘を目指す薩摩藩としては、下曾根のもとで学ばせればスカウトしやすいと考えたのだろう。つまり、英式兵制を熟知した兵学者が門人にいるはずとして、野津を下曾根に入門させて適任者をリサーチさせた。

最初に白羽の矢を立てたのは塾頭だった平元良蔵という人物だが、固辞される。薩摩藩は下曾根の門下生だけでなく、幕府の講武所に出入りする兵学者もリサーチしていただろう。講武所は幕臣が武芸や砲術を学んだ教育機関で、洋式調練の訓練もおこなわれた。

次に白羽の矢を立てたのが小三郎であった。薩摩藩がスカウトするきっかけとなったのは、江戸の麻布狸穴《まみあな》にあった平元の屋敷で小三郎が英式調練を指導する様子を野津がみたことであった。その後、野津は小三郎から英式兵制を学ぶようになり、招聘するにふさわしい適任者と確信する。

つまり、小三郎が兵学塾を開くなど京都を拠点とした活動を開始する前から、薩摩藩は注目していたわけだが、その招聘は難しいとみていた。当時の幕府と薩摩藩の関係を鑑みて、譜代の上田藩士だったことがネックとなると考えたのかもしれない。

小三郎にも断られた場合はイギリス軍人に直接頼むつもりだったが、小三郎は野津を介した薩摩藩からの要請を受諾する。こうして、藩士たちに英式兵制を教授し、調練の指導にもあたることになった。（関良基『赤松小三郎ともう一つの明治維新』作品社）。

以後、京都今出川の薩摩藩邸内に開設された塾に出講する日々がはじまる。薩摩藩からすると、小三郎が京都で兵学塾を開いていたことが幸いした。帰国していれば叶わないことだった。塾頭を務めたのは小三郎をスカウトした野津である。

薩摩藩は小三郎を厚遇し、京都での生活も援助したが、小三郎に目をつけた雄藩は薩摩藩だけではなかった。英式兵制を採用した福井藩も小三郎の塾に藩士を入門させている。熊本藩細川家も同様であり、英式調練の指導を依頼した可能性がある。京都で守護職を務める会津藩も小三郎に注目し、オランダ語の書物の調査を依頼した。

幕府開成所教官に推挙される

小三郎に注目したのは雄藩だけではない。『英国歩兵練法』の翻訳を依頼したことで小三郎を世に出す役回りを演じた下曾根も、その能力を幕府で活かせないものかと考えていた。

小三郎にとっても、幕府への出仕は憧れだった。当時、幕府は藩士であっても有為の人材を登用することに積極的で、幕臣に抜擢する事例も珍しくなかった。英語力で中津藩士から幕臣に取り立てられた福沢の存在は、小三郎も意識しただろう。帰国すれば藩の軍制改革に専念しなければならず、京都にとどまっているあいだに、幕府への出仕が叶うことを夢見た。

下曾根は小三郎を幕府に推薦するにあたり、登用に必要な推薦書の下書を小三郎に作成させている。その内容は概略、以下のとおりである。

下曾根に入門してオランダ語を学びはじめた小三郎は原書から兵学を学び、長崎ではオランダ人から銃砲や騎兵を学んだ。近年は英語を学び、前年にはイギリスの「歩兵操典」を翻訳して、諸藩で活用されている。英式、蘭式ともに三兵の指揮方法に通じ、調練指導に適切な人物である。そのため、「一生御雇」として陸軍所の歩兵差図役に登用してほしい。無理ならば、講武所砲術教授方に登用してほしい。

小三郎が望んでいたのは、「一生御雇」つまり上田藩の籍を離れ、幕臣として幕府陸軍の歩兵を指揮することであった。それが難しければ、洋式調練もおこなわれた講武所での砲術指導を希望したこともうかがえる。

幕臣への抜擢を切望していたことがわかるが、小三郎は上田藩に籍がある以上、幕府だけの判断では登用できないのが暗黙のルールであった。所属藩の了解を得たうえでの登用となり、それもいきなり幕臣に登用することはできなかった。

まずは、藩士身分のまま「御雇」という形で出仕させて実績を積ませたうえで、幕府への転籍つまり幕臣に登用するのが通例であった。その際にも、所属藩の承諾が必要だった。

福沢の場合も、万延元年（一八六〇）に中津藩士のまま幕府の外国方に出仕している。外交文書の翻訳に従事し、さらにヨーロッパに派遣された外交使節団に通訳として同行するなどの実績を積み重ねたうえで、四年後の元治元年（一八六四）に中津藩の籍を離れて幕臣に取り立てられた。福沢に限らず、藩士身分のまま幕府に出仕して実績を積み、数年後に幕臣に抜擢されるのが一般的なコースであった。

小三郎が作成した下書のまま下曾根が推薦書を差し出したのかは不明だが、幕府が小三郎の登用を上田藩に問い合わせた時には、出仕先が開成所に変更されていた。蕃書調所を前身とする開成所は洋学の研究・教育機関であり、洋書の翻訳のほか、化学や数学、英仏独蘭四ヵ国語の教育がおこなわれた。当時は軍事関係の洋書の翻訳と軍事技術者の養成に重きが置かれていた。

出仕希望先が開成所に変更されたのは、幕府が仏式兵制を採用していたことが理由だろう。英式兵制の専門家である小三郎を軍事部門で登用するのは難しいと判断した結果、開成所で兵書の翻訳と軍事技術者の養成にあたらせることで、西洋の兵制に通じた類まれな能力を幕府で発揮させようと目論んだのだ。

そして、幕府は上田藩に対して開成所教授手伝出役という形で登用したい、陸軍の兵書の調査にもあたらせたいと打診した。出役とあるように、あくまでも藩士身分のまま、幕府の仕事を請け負わせる雇用形式だったが、上田藩は一二月一一日付の文書で幕府からの要請を固辞してしまう。

小三郎には銃隊調練の指導と軍制改革の調査を命じており、開成所への出役はご勘弁願いたいという趣旨の回答書だった。開成所への出役が認められれば幕臣への道も開ける可能性があったが、その道は閉ざされてしまった。小三郎がおおいに落胆したであろうことは想像するに難くない。

上田藩の立場に立てば、藩士である以上、藩の軍制改革や調練指導を優先してもらわなければならなかった。仮に出仕を認めてしまえば、幕府の仕事を楯にコントロールできなくなる存在になるとみたのではないか。幕府としても、藩の意向を無視してまで出仕させることはできなかった。加えて、幕府や藩当局への直言も辞さない過激な政治行動を危険視していたことも、断りを入れた理由だったはずだ。

幕府からの出仕要請を固辞した以上、上田藩としては小三郎を早々に帰国させ、軍制改革にあたらせる必要があり、帰国を督促した。だが、小三郎は長旅できるまで回復していない、治療中であるとして、京都にとどまり続け上田藩がコントロールできない存在になっていくのであった。

第五章　憂国の志士として奔走する

——雄藩の合従連衡

第一節　京都にとどまる小三郎の決意

将軍慶喜と薩摩藩の駆け引き

上田藩が断りを入れたことで幕府への出仕を願った小三郎の夢が潰えた頃、京都は大きく揺れていた。

家茂の死後、長州再征の後始末のため奔走していた慶喜は慶応二年（一八六六）一二月五日、一五代将軍の座に就いたが、それから二〇日後の二五日に朝廷内に激震が走る。慶喜を厚く信頼していた孝明天皇が崩御したのだ。翌三年（一八六七）一月九日には、わずか一四歳の睦仁親王が践祚《せんそ》する。明治天皇である。

今までの教科書的な理解で言うと、孝明天皇の崩御により、幼帝明治天皇を擁した倒幕派が朝廷を意のままにするようになる。そして、公家の岩倉具視や薩摩藩の西郷・大久保たちが幕府への攻勢を強め、倒幕が実現するという筋立てが定説化している。

しかし、実際の政治過程はそう単純なものではなかった。孝明天皇の崩御は慶喜にとり確かに痛手だったが、その政治的立場がすぐに不利となったわけではなかった。長州再征をめぐり激しく対立した慶喜と薩摩藩の関係が一時融和に向かったからである。

長州再征失敗による幕府権威の失墜をうけ、慶喜としては諸藩、とりわけ雄藩からの支持を得ることで、将軍としての権力基盤を強化したいところだった。薩摩藩としても慶喜の姿勢が軟化したことから、同藩の政治力を改めて認識させ、政局の主導権を握るチャンスとみていた。双方の利害が一致したことで関係者の交流も盛んとなり、協調関係が進んでいく。

薩摩藩内には、慶喜が信頼を寄せていた人物がいた。家老の小松帯刀《こまつたてわき》である。慶喜の意を踏まえて小松との交渉にあたったのは、側近で目付を務める原市之進《はらいちのしん》や梅沢孫太郎《うめざわまごたろう》だった。両人とも、小三郎の政治活動を支える存在となる。

慶喜と薩摩藩の協調関係は、次のような政治的効果も生んだ。

尊攘派公家の代表格だった三条実美たちは文久三年八月一八日の政変で京都を追われた後、長州藩に保護された。しかし、第一次長州征伐後は同藩の保護をうけられなくなり、九州の太宰府に移された。

三条たちは京都に戻ることを念願していた。その帰洛は後ろ盾の長州藩も強く望むところであったが、幕府は難色を示した。長州藩をバックとして朝議を牛耳り、攘夷実行を強く迫った前歴がネックとなっていた。京都に戻してしまうと、ふたたび幕府が苦しめられるのではと危惧したのだ。

ところが、薩摩藩がこの件を原にかけあうと、意外にも三条たちの帰洛が実現する見込みが立った。三条たちを失脚させた当事者である会津藩の反発は必至だったが、慶喜は会津藩の反発を抑えて帰洛を許すことを決めた。

その裏には、薩摩藩など雄藩との融和路線により、幕府の立て直しを早急にはかりたい慶喜の意図が秘められていた。こうして、長州再征以来冷え切っていた慶喜と薩摩藩の関係は修復に向かう。

この時期、小松たち薩摩藩側は慶喜の日々の食事内容まで知っていたという。その親密な交流ぶりがよくわかるエピソードである。

もちろん、双方ともお互いの腹を探る意図で交流したことは否定できないが、双方の関係は修復されたかにみえた。だが、その融和路線も長くは続かなかったのである。

英式調練の指導と『重訂英国歩兵練法』の刊行

慶喜と薩摩藩の関係が修復に向かうなか、上田藩の帰国要請に従わず滞京を続けた小三郎は、京都で開いた塾を拠点として諸藩の藩士に英式兵制を教授した。さらに、薩摩藩など諸藩の要請に応え、藩邸に出向いて藩士に講義したり、あるいは調練を指導した。英式兵制を日本に根付かせようと奔走したのだ。

こうした一連の活動は、必ずや「皇国」つまり日本のためになると小三郎は信じていた。そのためには滞京を続けなければならず、上田藩に対しては痔の治療中であると押し通した。

この件については、兄の柔太郎にも口裏を合わせてくれるよう頼んでいる。もちろん、仮病を申し立てることに罪悪感はあったが、蟄居や斬首とは違って小罪であるとして滞京を続けた。憂国の志士として国事に奔走する決意を固めていたことがうかがえる。

藩邸内に設けた塾への出講を依頼した薩摩藩では、野津七次（道貫）が塾頭を務めたが、藩命により横浜で騎兵を学ぶことになり、いったん帰国していた。そのため、兄の野津鎮雄（のちの陸軍中将）が代わって塾頭を務めていた。

小三郎も薩摩藩の要請に応え、英式調練を熱心に指導した。ただし、今出川の藩邸内では手狭であったため、隣接する相国寺の広大な境内が調練場となった。

小三郎の指導をうけた藩士にはのちの日本陸軍を支えた野津兄弟のほか、日本海軍を支えた元帥東郷平八郎らもいた。明治四三年（一九一〇）発行の『上田郷友会月報』に掲載された回想によれば、当時遊撃隊のメンバーとして京都にいた東郷は毎日、午前と午後に相国寺で訓練をうけたという。

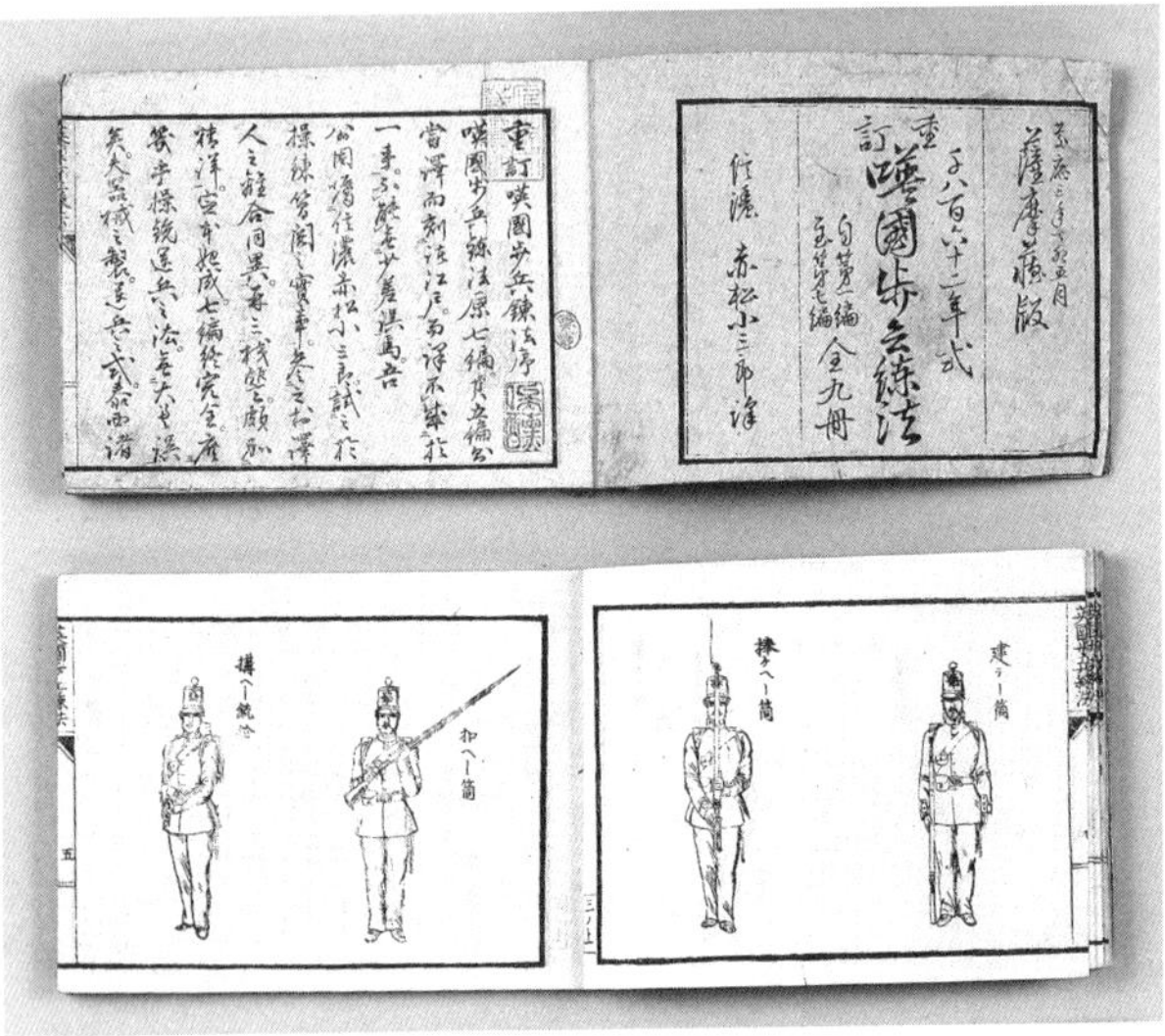

『重訂英国歩兵練法（薩摩版）』（上田市立博物館蔵）

すでに薩摩藩は国元や京都で英式での調練や施条銃の射撃訓練を実施しており、小三郎が直接指導したことで、京都藩邸詰の藩士たちの練度は向上していった。そして、小三郎の薫陶をうけた藩士が帰国して調練の指導にあたることで、おのずから国元の藩士の練度もアップした。慶応三年（一八六七）五月に入ると、教本（「歩兵操典」）のレベルも上がった。『重訂英国歩兵練法』（七編九冊）が刊行されたからである。

先の『英国歩兵練法』（五編八冊）は浅津富之助との共同翻訳だったが、誤訳もみつかっていた。そこで、薩摩藩では一八六四年に刊行された増補改訂版の翻訳を小三郎に依頼し、慶応三年五月に同藩から刊行の運びとなった。

前回は長州再征にともなう軍務のかたわら翻訳したものであり、小三郎としては意を尽くせない点も多々あったに違いない。共訳でもあった。しかし、今回は腰を落ち着けて、じっくりと翻訳できたはずだ。小三郎単独の翻訳であり、力も入ったことだろう。『英国歩兵練法』では浅津の訳だった第二・第四編を改めて訳出し、さらに第六編「龍隊即ち横隊編成及運動の式」と第七編「要用諸件」を新たに訳出している。

小三郎の翻訳により、薩摩藩は最高レベルの「歩兵操典」に基づき、藩士に英式調練を施すことが可能となった。それも翻訳者である小三郎の指導だった。薩摩藩の軍事力が質量ともにレベルアップしたのは言うまでもない。来る戊辰戦争では、小三郎の指導を直接、あるいは間接的にうけた藩士たちが各地での勝利に大きく貢献することになる。

薩摩藩の最高実力者であった島津久光（藩主島津茂久の実父）は翻訳の功績を讃え、世界最高級とされた「新製十六響ヘンリー騎兵銃」を小三郎に下賜し、その労に報いている。

小三郎の政体論と輿論政治

小三郎は薩摩藩の軍事力強化に尽力するいっぽうで、兵学塾で諸藩の藩士に英式兵制を教授した。その教育内容については門人による貴重な証言が残されている。

藩命により英式兵制と海運術を学ぶため、慶応三年三月に入門した美濃大垣藩士の可児《かに》春琳《しゅんりん》(のちの陸軍少将)によれば、午前三時間、午後二時間の講義であったという。午前は英式歩兵・騎兵の練法と射撃に関する講義。午後は世界で最近起きた戦争の顛末、窮理学(物理学)、航海術に関する講義だった。

時折、課外講座のような形で世界の政治組織についても講義したが、兵学塾とばかり思っていた可児にとり、その内容は大きな驚きであった。印象に残った点としては、「輿論《よろん》政治」を小三郎が常に唱えていたことを挙げている。

輿論とはなんらかの社会的問題について多数の人々が議論を重ねることで形成された意見のことであり、公議・公論と置き換えられる言葉である。公議・公論はともに世間一般の議論という意味であった。

つまり、輿論政治とは議論に基づく政治のことで、具体的には西洋でおこなわれた議会政治がイメージされていた。世論という言葉もあるが、これは世間一般でみられる感情に流された意見という意味であり、輿論イコール世論ではなかった。

小三郎は、どんなに賢明な人物でも思い違いや考え違いがないとは限らない。少数の人だけで事をおこなおうとすれば、感情や誤解や好悪が付随してしまい失政が多い。だからこそ、多数の人々が議論を重ねる「多数政治」が必要なのだと主張したという。小三郎の言う多数政治とは議会政治のことであった。

さらに、天皇を中心とした挙国一致の政治体制を敷くこと、身分や家柄に関係なく人材を登用することなどを唱えている。具体的には、イギリスを参考に日本の国体にあわせた政体の必要性を説いた。

このように、小三郎は日本が目指すべき新国家のグランドデザインを諸藩から集まった藩士たちの前で語った。小三郎が兵学者から憂国の志士へと変身を遂げたことで、兵学塾が政治塾としての顔もあわせ持つようになった様子が浮かび上がってくる。

慶応二年三月一〇日の兄芦田柔太郎宛の書状には、「上田藩で事を開いて日本に広めることはできないが、日本で事を開けば自然と上田藩も開けるので、自分としては忠節のつもりである」との一節がある。上田藩で西洋をモデルに近代化が実現できても日本国内に広めることはできないが、国政で近代化を実現できれば自然と上田藩も倣うのであるから、京都で国事に奔走することは藩への忠節にも繋がるという信念が読み取れる。雄藩に比べ、上田藩は小藩であることの悔しさが込められた一節とも言えよう。

この書状のなかで、小三郎は養子話を進めてほしいと柔太郎に依頼している。妻とのあいだには子どもがおらず、このままでは赤松家は絶えてしまうため、藩の許可を得て養子を迎える必要があった。そのため、養子話を進めてほしいと督促したわけだが、養子が決まれば赤松家の家督を譲って隠居することも可能だった。隠居の身ならば行動を藩に束縛されることなく、日本のために自由に活動できるという狙いも秘められていたのだろう。

そんな思いを抱いていた小三郎のもとに、自分が温めてきた政治構想を幕府や雄藩に開陳できる絶好の機会が訪れた。慶応三年四月から五月にかけて、天皇や将軍慶喜がいる京都に雄藩を代表する四名の大名が集まることになったからだ。

いわゆる四侯会議の開催である。

第二節　四侯会議に込めた薩摩藩の狙い

幕府が抱える二つの課題

薩摩藩など雄藩の支持を得ることで幕府の立て直しを目指した慶喜は、当時二つの大きな政治課題を抱えていた。兵庫開港問題と長州藩処分問題の二つだが、前者からみていこう。

安政五年（一八五八）に締結した修好通商条約で、幕府は横浜など五港の開港と江戸・大坂の開市を約束したが、国内の攘夷運動の高揚をうけ、兵庫・新潟の開港と江戸・大坂の開市は見通せなくなっていた。そのため、修好通商条約を結んだ欧米諸国に開市・開港の延期を申し入れる遣欧使節団を派遣し、文久二年（一八六二）に五年間の延期を認めさせた。しかし、その期限が近付いていていた。

幕府としては約束通り開港・開市しなければならなかったが、朝廷は修好通商条約自体認めないとする立場を取っていた。要するに、違勅ということである。そのため、幕府は朝廷に対して条約の勅許を求め続け、慶喜の奔走により、ようやく慶応元年九月に至って勅許を得た。

以後、幕府は朝廷や国内の攘夷派から違勅であると責め立てられることはなくなるが、通商条約に基づき開港する約束になっていた兵庫開港だけは認められなかった。京都にも近い兵庫の開港は朝廷内でも反対論が強く、孝明天皇の厚い信頼を得ていた慶喜をもってしても勅許が得られなかったのである。

しかし、兵庫開港にあくまでも反対した天皇の崩御により、朝廷の会議で勅許を獲得するメドが立った。兵庫開港に反対する公卿もいたが、慶喜は薩摩藩など雄藩の意見を利用する形で兵庫開港の勅許を得ようと目論んだ。雄藩も兵庫開港に反対ではないことは、慶喜もよくわかっていた。

続いて後者の長州藩処分問題である。

藩主毛利敬親の蟄居・隠居、世子広封の永蟄居、一〇万石減封などの処分を受諾しなければ長州藩領に攻め込むと最後通告したうえで、幕府は長州藩と開戦におよんだが、征長軍は各所で敗北を続けた。慶喜は征長軍と長州藩に休戦を命じる沙汰書を朝廷に出させることで戦争を終わらせたが、開戦前に長州藩に示された前記の処分案はまだ取り消されてはいなかった。

そのため、長州藩はその処分案を取り消されることを強く望んでいた。そもそも、禁門の変での敗北により朝敵に転落したままで、その汚名も取り除かれていなかった。

朝敵の汚名を雪いで政治的に復権することが、長州藩にとっては最大の関心事であった。薩摩藩も長州藩復権のため尽力すると、坂本龍馬を立会人とする形で約束していた。

こうした流れのなかで、薩摩藩は長州藩への処分を寛大なものにするよう朝廷に奏請することを慶喜に求めた。具体的には、藩主毛利敬親・広封父子の官位復旧、敬親の隠居と広封の家督相続、一〇万石減封の取り消しという寛典案を提示し、その勅許が下りるよう強く要望したのだ。

毛利父子は禁門の変直後に朝敵に転落したことで、官位が剝奪されていた。もとの官位に戻ることで朝敵の汚名は取り除かれ、念願の復権が実現するという筋立てだった。

薩摩藩では雄藩のうち、かつて朝議への参預を命じられた福井前藩主松平春嶽、土佐前藩主山内容堂、宇和島前藩主伊達宗城に対し、薩摩藩最高実力者の島津久光とともに上京するよう働きかけ、彼らの承諾を得る。いずれも雄藩を代表する諸侯たちである。

薩摩藩としては、慶喜が雄藩からの支持を得ようと融和路線を取っていたことに目をつけ、四名の有力諸侯が京都に勢揃いすることで、長州藩に対する寛典案を慶喜に呑ませる計画であった。その勢いで、外交権を慶喜から取り上げて朝廷に移管させ、最終的には国政の決定権も天皇のもとで開かれる諸侯会議に移そうとはかった。

四侯会議とは雄藩の政治力を誇示することで、幕府に代わる新政体への移行を目指す政治運動なのであり、将軍職の廃止も見据えていた。

慶喜の政治力に屈した薩摩藩

いっぽう、兵庫開港の勅許を朝廷に奏請する決意を固めた慶喜は、久光たち四侯に意見を求める。雄藩との協調関係を重視する政治路線に沿った対応であり、三月二〇日を意見書の提出期限と定めた。

四侯が兵庫開港に反対しないとわかっていた慶喜は、勅許奏請の際にはその意見書も利用し、朝議で許可が下りやすい環境を整えようと考えた。ところが、三月二〇日の提出期限を待つことなく、同月五日に慶喜は勅許を奏請した。

欧米列強からの強い要請が背景にあったとされるが、雄藩の意見を踏まえると言っておきながら、意見も聞かず奏請したことに四侯は強い不信感を抱いた。特に薩摩藩は憤慨した。結局このときの奏請では勅許を得られず、慶喜は兵庫開港の奏請を繰り返すことになる。

四月中旬から五月はじめにかけて四侯は上京してきたが、四侯会議の仕掛け人である薩摩藩では久光が七〇〇人もの藩士を率いて京都藩邸に入っていた。長州藩の政治的復権などを慶喜に認めさせるには軍事力が不可欠という意図が秘められていた。このとき、上京した藩士たちは小三郎から英式調練の指導を直接うけることができただろう。

実は四侯の足並みは必ずしも揃っていなかった。それでも、それぞれの意見を摺りあわせたうえで、五月一九日に容堂を除く久光たち三名が二条城に登城し、慶喜に対面した。

慶喜は長州藩処分問題よりも兵庫開港を重視し、その勅許獲得を優先させようと考えていた。要するに、長州藩に寛大な処置をとることに消極的だったが、四侯は逆であった。四侯は兵庫開港には反対していなかった以上、問題は長州藩処分に関する勅許の内容の方だった。

そのため、藩主毛利敬親・広封父子の官位復旧、一〇万石減封の取り消しといった寛典案に関する勅許を得た後に、兵庫開港の勅許を奏請してほしいと慶喜に求めた。これにより、長州藩は朝敵の汚名は取り除かれて念願の復権が実現するはずであった。

兵庫開港を優先させたい慶喜と長州藩処分問題が先決とする四侯の協議は暗礁に乗り上げるが、同一九日に至って、四侯のうち徳川一門でもある春嶽が妥協案を提示した。両件が同時に勅許になるよう求めたのだ。慶喜も承諾し、同二三日から二四日にかけての朝議で四侯も同じ考えであると熱弁をふるい、両件の勅許を同時に獲得した。

ところが、勅許された長州藩処分問題に関する朝廷の沙汰書をみると、処分を寛大なものにするよう幕府に命じるという文言だけだった。四侯たちが望んだ藩主父子の官位復旧などの具体的な寛典については、なにも文言には盛り込まれなかった。これは長州藩処分問題が先送りにされたことを意味した。

慶喜が四侯の意見に耳を傾けたのはあくまで政治的なポーズに過ぎず、実際は四侯たちの主張を握り潰し、自分の考えを朝議で通したことは明らかだった。要するに慶喜には、長州藩から朝敵の汚名を取り除く意思はなかったのである。

慶喜としては、寛大な処置を求める嘆願書を長州藩に提出させたうえで、四侯が希望する寛典案に関する勅許を改めて奏請しようと考えていた。だが、長州再征で征長軍に勝利した長州藩が嘆願書の提出という屈辱的な条件を吞むはずもなかった。

薩長盟約以来、政治的復権のため尽力すると長州藩に約束していた薩摩藩は面目を失った。慶喜が寛典案を吞むと期待していた分、裏切られた気持ちは大きかった。

結局のところ、慶喜により長州藩処分に関する主張は巧みに握り潰され、四侯は兵庫開港の勅許を得るために利用されただけだった。四侯の足並みが揃っていなかったのを慶喜に突かれた結果でもあったが、薩摩藩にイニシアティブを取られることへの反発が他の三侯にあったのは否定できない。

長州藩との提携路線の強化

利用されただけに終わった四侯は失望し、それぞれ帰国の途に就いた。特に四侯会議の仕掛け人でもあった薩摩藩では肝心の長州藩の政治的復権が拒否されたことで、慶喜への憤懣が噴出した。修復に向かっていた慶喜との関係悪化は避けられなかった。

こうして、慶喜と薩摩藩の協調関係は終わりを告げた。幕府には四侯つまり雄藩の意見(「公論」)を採用する意思などないとして、予てから慶喜に強い不信感を抱いていた西郷や大久保ら、対幕府強硬派の意見が薩摩藩では勢いをふたたび増していった。

両件の勅許が下りた直後の五月二五日、京都藩邸で薩摩藩首脳部の会議が開かれ、長州藩と行動をともにすることで大筋合意された。

六月一六日、久光は在京中の長州藩士品川弥二郎《しながわやじろう》と山県有朋《やまがたありとも》を引見し、近日中に西郷を山口へ派遣する予定であると伝えた。原市之進を通じて慶喜とのホットラインを築いていた小松も、長州藩との連合で幕府の罪を糺したいと両人に告げた。

以後、西郷・大久保が主導権を握った薩摩藩は長州藩との連携のもと、次のような方針を採用していく。

幕府の罪を糺すことで慶喜から征夷大将軍職を剥奪して諸侯の列に格下げし、朝廷のもとで開かれる諸侯会議で国家の大事を決めることを目指す。

そのためには武力発動も辞さないことも、西郷や大久保ら対幕府強硬派の藩士のあいだでは暗黙の了解事項となっていた。四侯会議という政治的な仕掛けでは実現できなかったため、武力での倒幕つまり討幕が薩摩藩の取るべき選択肢として浮上してきたのである。

いっぽう、薩摩藩が討幕路線に走る契機となった四侯会議に大いなる期待を寄せていたのが、薩摩藩に軍事教官としてスカウトされ、藩士たちに英式調練を指導していた小三郎その人だった。

第三節　議会制度採用の建白

ふたたびの幕府宛建白書

島津久光をはじめ雄藩の諸侯が揃って上京する四侯会議の計画は薩摩藩が仕掛け人でもあったことから、京都の薩摩藩邸に出入りする小三郎は早くからキャッチしていたことだろう。政治変革の時節が到来したとみた小三郎は、自分が温めてきた政体構想の建白を決意した。

長州藩への寛大な処置に関する勅許の奏請をめぐって、慶喜と四侯のあいだで虚々実々の駆け引きが繰り広げられていた最中の慶応三年（一八六七）五月に、小三郎は幕府に代わる新政体、つまり国政改革に関する建白書を幕府に提出した。

この建白書は、四侯の一人である島津久光や福井藩の松平春嶽にも提出された。五月一七日に小三郎自身が福井藩邸まで届けたことが同藩記録の『続再夢紀事』に記載されているが、薩摩藩や幕府にはその後に提出したようだ。

春嶽に提出したのは、四侯の一人であり福井藩士に小三郎の門人がいたこともあるが、前年の慶応二年に、長州再征の失敗をうけて将軍襲職前の慶喜に対し、春嶽が大政奉還や諸侯会議による政治運営を勧告したことが一番の理由だろう。徳川一門ながら、春嶽が幕府に代わる新政体を見据えていたことに期待したのだ。

建白書三通の内容に多少異同はみられるが、趣旨は同じである。七ヵ条からなる久光宛の建白書については自筆のものが残されている（「数件御改正之儀奉申上候口上書」『鹿児島県史料 玉里島津家史料五』鹿児島県）。

第一条目では、日本が目指すべき政体を次のとおり提案している。

朝廷と幕府（公武）が合体し、諸藩も一つにまとまる国体が成り立つ根本は、天皇を奉じる朝廷が権力を強化し、徳も兼ね備えることである。

朝廷が徳と権力を備えるには、道理に明るく事務能力があり外国の事情に詳しいという条件のもと、将軍、公卿、諸大名、旗本のなかから天皇を輔弼する宰相を六人選ぶことが必要である。大閣老として国政を統轄する宰相、財政を掌る宰相、外交を預かる宰相、陸海軍を掌る宰相、司法を預かる宰相、税収を掌る宰相の六人だが、宰相以下の官吏も家柄に関係なく人選しなければならない。

そして、国政を公平に議論して国内に施行する機関を開設する。それが道理に適う、公平な命令ならば、国民は必ず承服する。つまり、天皇を補佐する行政機関たる朝廷とは別に、立法機関たる議政局を設ける。

議政局は上局と下局から構成される。上局には公卿や諸大名、旗本のなかから選挙で選ばれた三〇人の議員が、交代で首都に詰める。下局には道理に明るい者として諸国から数人ずつ選挙で選ばれた計一三〇人の議員が、三分の一ずつ首都に詰める。

議政局で決議されたことは朝廷の許可を得て、国内に布告される。朝廷が反対した場合は議政局で再評議の上、先の決議が至当と判断されれば朝廷に届け出て、そのまま布告する。

議政局の議員を選ぶ際には、家柄や身分に関係なく、道理を弁え、私心がなく、人望のある者に投票しなければならない。議政局の役割は旧弊を改めて国際的に通用する法律を制定することに加え、官吏の人事権を行使し、外交、財政、富国強兵、教育、人心安定に関する法律を制定することである。これを国家の基本方針としなければならない。

こうした、目指すべき政体を取り上げた第一条目とは対照的に、第二条目以降は具体的な政策論となっている。

人材育成法を説いた第二条目では、江戸・京都・大坂など三都や長崎・箱館・新潟などの開港地に大小学校を建設し、西洋人を教員として雇うことを提案している。第三条目ではどんな人でも能力を充分に発揮できるよう、平等に撫育することの必要性を説いた。具体的には農民の年貢を減らして無課税の武士や商人などに課税することを提案している。

幣制を取り上げた第四条目では西洋の通貨をモデルとした世界に通用する通貨の鋳造、第五条目では少数精鋭を基本とする陸海軍の整備、第六条目では御雇い外国人による殖産興業、第七条目では西洋を模範とする畜産業の振興と肉食への移行による富国強兵を提案している。

最後に、以上の改革を担保するものとして世界に通用する「国律」つまり憲法の制定を求め、建白書は結ばれている。

建白書のモデルとなった『西洋事情』

小三郎の建白書で最も注目されているのは、議政局の設置を説いた第一条目である。

江戸時代に限らず、それまでの日本の歴史では三権分立の思想はなく、国家権力と言えば幕府や藩、朝廷といった司法機能を兼ねる行政機関しかなかった。ところが、西洋では権力の濫用を防いで国民の政治的自由を保障するため、国家権力を立法・行政・司法の三権に分けて、相互に牽制し合うシステムが導入されていた。
つまり、国民の意見を国政に反映させる機関として、行政機関とは別に立法機関の顔も持つ議会が設置された。国民のなかから選挙で選ばれた議員が国政に参画する議会政治が誕生していたのである。

議会政治の存在は原書を通じて知識人のあいだではすでに知られ、洋行で議会を実見した者もいたが、加えて『西洋事情』が刊行されてベストセラーとなったことも大きかった。福沢がわかりやすく言語化したことで、原書が読めない者でも洋行経験のない者でも、議会政治とそのシステムを具体的に理解できるようになったからだ。

小三郎の場合は原書を読めるだけでなく、長崎や横浜で西洋人と直接交流する機会にも恵まれたが、福沢のような洋行経験がなかったことがどうしてもネックになっていた。しかし、洋行経験のある福沢が『西洋事情』を慶応二年に刊行したことで、国内に居ながらにして議会政治の仕組みをリアルに知ることが可能となった。そして、翌三年に議会政治を組み入れた政体構想を建白書という形で幕府や四侯に提起したのである。

例えば、小三郎は建白書で議政局（上局・下局）とその議員の被選挙権について述べているが、この二院制議会のアイディアはアメリカの上院・下院に関する『西洋事情』の記述を参考としていた。

また、小三郎は朝廷よりも議政局の決議が勝るとしたが、これも『西洋事情』で紹介されたアメリカの政治制度がモデルだった。上院・下院で成立した法令は大統領が署名することで公布される。署名を拒否されても両院で三分の二以上の賛成があれば公布できる。このシステムをそのまま取り入れたのだ。

二条目以降で具体的に提起した政策についても、『西洋事情』で紹介されたアメリカやイギリスの事例を参考としたのは明らかで、同書が小三郎の建白書のモデルと指摘される所以となっている（平山洋『「福沢諭吉」とは誰か』ミネルヴァ書房）。

現状の幕府政治では内憂外患の国難を乗り切れないとして公議政体論を唱えた雄藩も、そんな議会政治のシステムに注目した。公議政体論とは幕政を独占する譜代大名や幕臣以外の意見を公議・公論と称し、雄藩の主張も政治に反映させる政体論を指す。当然、議会制度の導入により公議を国政に反映させようという小三郎の公議政体論は雄藩の注目を浴びた。むしろ、そんな雄藩の関心を踏まえて建白書を提出したと言った方が正確かもしれない。

そして、宰相以下の官吏の人選や議政局の議員選出にあたっては、家柄や身分を考慮してはならないと釘を刺している。小三郎が繰り返し主張したことであった。

洋学者西周との接点

小三郎に大きな影響を与えた『西洋事情』はすでに写本の段階で、福沢から木村喜毅を通して老中格小笠原長行に提出されていた。慶喜も読んだという。

議会政治については幕府首脳部もよく知るところであったが、当時京都には二年半近くもオランダに留学した経験を持つ洋学者の幕臣がいた。明治に入ると、明六社の同人として福沢たちと西洋文明の啓蒙活動を展開する西周《にしあまね》である。

文政一二年（一八二九）に西は石見津和野《いわみつわの》藩士の家に生まれたが、開成所となる幕府の蕃書調所で教授手伝を務めていた頃、オランダへの留学を命じられた。同じく留学を命じられた教授手伝の美作津山《みまさかつやま》藩士津田真道《つだまみち》とともに、ライデン大学で法律や経済を学んだ。帰国後の慶応二年三月に開成所教授に引き上げられ、津田とともに幕臣に取り立てられた。

開成所ではヨーロッパ仕込みの最新の法律学や経済学の知識を教授したが、同九月に幕府の命により上京した。オランダ留学の成果を施政に活かしたい幕府の意図がうかがえる。慶喜は上京した西からフランス語のレッスンをうけている。『西洋事情』などをテキストに、西洋社会の講義もうけたことだろう。慶喜は西洋に強い関心を持つ将軍だった。

翌三年二月に、西は住居とした四条大宮の更雀寺で塾を開き、西洋の法学や哲学の講義をおこなったが、西の塾で学んだ者は五〇〇人にもおよんだ。それだけ西洋への関心は高かったのだ。兵学塾を開く小三郎も同じ京都で西との交流を深めたことは想像に難くない。次章で述べるとおり、小三郎は慶喜の側近たちとも交流があったが、西を通じて得た人脈だったのかもしれない。その人脈を使うことで、幕府に建白書を提出したのである。

小三郎の幕府宛建白書は、その写しが諸藩のあいだで出回っていた。盛岡藩南部家が編纂した記録『慶応丁卯雑記』には転写したものが収められており、小三郎の政体構想が諸藩のあいだでも広く関心を持たれたことがうかがえる。

慶喜だけでなく、公議政体論で国政進出を目指す四侯にも同じ建白書を提出したが、小三郎は英式兵制を採用した福井藩からも注目される存在だった。実は福井藩では藩士の青山小三郎たちを入門させることでスカウトの足がかりにしようとしたが、すでに薩摩藩がスカウトしていたことに配慮し、英式調練の指導を依頼するまでには至っていなかった。

いっぽう小三郎は青山を介して、福井藩から慶応元年刊の『万国公法』（全六冊）を借用していた。国際法の知識を得ようとしたことがわかるが、春嶽が四侯会議に上京することになったため、いったん返却してほしいと青山は申し出ていた。こうしたつてを活用することで建白書を提出したのだろう。

四侯のうち容堂や宗城には建白書を提出していない。そのつてがなかったのだろう。久光や春嶽を通じて、その内容が伝わることを望んだはずだ。

建白書の効果と限界

本節の冒頭でも述べたとおり、この建白書の注目点は、選挙で選ばれた議員から構成される議政局を創設し、その決議は政府たる朝廷の意思よりも勝ると規定したことである。そして、議会にあたる議政局に官吏の人事権まで持たせたことも、他の幕末の先覚者にはみられない画期的な提起だった。官吏の人選や議員の選出にあたっては家柄や身分を考慮してはならないという提起は、身分制の廃止を見据えたものであった。

そもそも、幕府に代わる新政体案を提起した建白書であるから、幕府からすると好ましくない内容だ。幕府はもちろん、譜代大名たる上田藩の忌諱にも触れる。小三郎は相当な覚悟をもって建白したはずであり、そんな決意を示すかのように、建白書を提出する直前の慶応三年四月に写真を撮っている。形見のつもりで撮ったのだろう。写真の裏には「慶応三年丁卯四月、写真於京師、赤松小三郎齢三十七歳」と、自筆で書かれていた。

小三郎は上田で最初に洋服を着た人物とされるが、この時はコートとズボンの洋服姿で写真を撮っている。靴も履いていた。髷もなく西洋人のようであったが、右手には刀を杖のように持っていた。刀は現存しており、調練時に指揮刀として使ったと伝えられる。

ところが、そんな決死の覚悟で提出した建白書であったのに、検討された形跡はない。小三郎としては自分の政体構想が慶喜と四侯のあいだで議論され、念願する議会政治への道筋が開かれることを望んだが、もくろみ通りにはいかなかったのである。

肝心の四侯会議が慶喜の政治力の前に空中分解したことに加え、四侯とりわけ薩摩藩にとりうけいれがたい内容を含んでいたことも無視できない。将軍、公卿、諸大名、旗本から選ばれる六人の宰相のうち国政を統轄する宰相を大閣老と規定したが、将軍が大閣老に擬せられていたのは明らかであり、ネックとならざるを得ないだろう。将軍が国政を統轄する宰相では、単に名前を変えただけに過ぎないからだ。小三郎としては幕府側を交渉のテーブルにつかせるためのレトリックだったが、薩摩藩としては呑める内容ではなかった。

こうして、政治変革の時節はいったん遠のく。小三郎は失望を禁じ得なかっただろうが、その後、議会政治を組み込んだ公議政体論が別のルートから浮上してくるのである。

大政奉還論の浮上と薩土盟約

『西洋事情』から大きな影響をうけたのは、小三郎だけではなかった。四侯の一人・山内容堂が最高実力者の土佐藩で参政を務める後藤象次郎もその一人だった。

『西洋事情』が刊行された頃、後藤は長崎にいた。今後日本が目指すべき政体を模索していた後藤は、『西洋事情』など西洋の政治システムに関する書物を読み漁った結果、幕府を終わらせた後に誕生する新政府では、議会政治を導入するしかないとの結論に達した。

当時は長州再征の失敗により幕府権威が失墜した政治情勢をうけ、幕府に代わって朝廷を中心とした政体が強く求められていた。小三郎も建白書の冒頭で挙国一致の政体を樹立するため朝廷に権力を集中させることを説いたが、土佐藩は大政奉還論によりその実現を目指した。

すなわち、徳川家が大政を朝廷に奉還することで幕府政治をみずから終わらせ、その後に天皇をトップとする新体制を発足させて、公議・公論を反映させる議会制度を導入するという国政改革案であった。これは幕府の消滅だけでなく、慶喜が将軍職を辞すことも意味した。後藤はこの大政奉還論で藩論をまとめ、四侯会議後の政局に乗り出していった。

関ヶ原の戦いの論功行賞で、土佐一国という大封を与えられた山内家を藩主とする土佐藩は、外様大名でありながら幕府恩顧の大名であった。いわば准譜代大名のようなスタンスを取っており、薩摩藩の対幕府強硬派が主張する、慶喜から将軍職を剝奪して諸侯の列に落とす計画には賛同できなかった。そのため、徳川家が大政を奉還することで自主的に諸侯の列に降りることを望んでいた。

こうして、土佐藩は慶喜に大政奉還を求めることになるが、長州藩と事をともにすると約束した薩摩藩もこの路線に相乗りすることを決める。薩摩藩の目的は慶喜から将軍職を剝奪することであり、慶喜が大政奉還を呑んで将軍職を辞してくれればそれで良かったからだ。

両藩は協議して合意事項の成文化を進め、六月二二日には坂本龍馬・中岡慎太郎の立ち会いのもと、薩摩藩と土佐藩のあいだで、いわゆる薩土盟約七ヵ条が締結された。慶喜が将軍職を辞職して諸侯の列に降りた後の国政は朝廷が担い、京都に樹立される議事堂（院）で制度や法律を制定する。議事堂は上院・下院から構成され、上院の議事官は公卿、下院の議事官は藩士や庶民から選挙で選ばれる。諸大名はそのまま上院の議事官に充てるという内容だった。議事堂（院）は議会、議事官は議員のことである。

両藩は議会制度を組み込んだ公議政体論で合意したが、ここで龍馬の「船中八策」が引き合いに出されることが多い。長崎から海路上京する船中で、龍馬が後藤に示した「船中八策」が薩土盟約に反映されたというのが定説だったが、最近では「船中八策」は後世に創作されたものとして存在自体が否定されている（知野文哉『「坂本龍馬」の誕生』人文書院）。薩土盟約に盛り込まれた議会制度の提案は、龍馬ではなく後藤のアイデアであったのだ。

後藤のアイデアをもとに両藩が協議して薩土盟約がまとめられたわけだが、小三郎の建白書は土佐藩の知るところでもあったのではないか。幕府にも提出した建白書は写しが諸藩のあいだに出回るほど関心を持たれていたうえに、議事堂を議政局、議事官を議員と置き換えれば、両藩が薩土盟約を結ぶにあたって参考にしたとみるのは難しくない。

その後、慶喜に大政奉還を呑ませるための建白書の内容についても、薩摩藩は同意した。七月一日のことである。薩摩藩としては、慶喜みずから将軍職を辞して諸侯の列に降りてくれれば良かったことが確認できる。

薩土盟約の締結後、後藤は大政奉還で藩論を最終的にまとめるため、いったん国元に戻った。京都を発って高知に向かったのは七月四日のことだが、そのあいだに事態は急展開を遂げる。小三郎の身にも危機が迫りつつあった。

第六章　非業の死

——小三郎が夢見た新国家

第一節　諸藩の暗闘に巻き込まれる

緊張が高まる薩摩藩と会津藩

小三郎がいた慶応三年（一八六七）の京都は激動の年となった。一〇月に将軍慶喜が大政を朝廷に奉還して二六〇年余の徳川幕府の歴史に終止符を打ち、一二月には朝廷のもとに幕府に代わる新政府が樹立されて王政復古となったのだ。だが、いずれの日も小三郎が目にすることはなかった。

江戸に代わって幕末政局の舞台となった京都には、天皇と公家たちのほかに、将軍と幕府の要人たち、諸大名とその家臣たちも在京するようになっていた。天皇も将軍もいる以上、京都は名実ともに首都であった。そのため、京都にも藩邸を置いて腕利きの藩士を常駐させることで、激動する政治情勢を見極めようとした藩も多かった。

とりわけ、国政進出を目指す雄藩は京都藩邸を拠点に、公家たちを通じて朝廷への影響力を強めようとはかった。他藩との連携にも余念がなく、藩士を公家や他藩の藩邸に出入りさせて政局の主導権を握ろうとしていた。

京都を舞台に、朝廷をめぐって幕府と雄藩が激しい権力闘争を繰り広げるなか、幕府の命により一〇〇〇人ほどの藩士を京都に駐屯させた藩があった。三代将軍家光の異母弟保科正之を藩祖とする会津松平家である。

従来、京都には一〇万石前後の譜代大名から任命された京都所司代が置かれ、朝廷の監視にあたりながら、大坂城代とともに西国の監視にもあたった。ところが幕末に入ると、尊王攘夷運動の高まりを背景に、過激な尊攘派志士たちによる天誅と称した殺傷事件が頻発した。その結果、所司代の力だけでは治安の維持が覚束ない状況に立ち至った。

そこで、幕府は文久二年（一八六二）閏八月に京都守護職を新設し、会津藩主松平容保を同職に充てた。二三万石の石高を誇る会津藩の武力をもって京都の治安を回復しようとしたのである。守護職を離れた時期が途中二ヵ月ほどあったものの、新政府が樹立されて守護職が廃止されるまでの五年弱、容保は大勢の藩士とともに京都に常駐して治安維持にあたり、幕末の政局で存在感を発揮した。

翌三年（一八六三）八月、会津藩は薩摩藩からの申し入れをうける形で、長州藩や尊攘派公家の三条らを京都から追放するクーデターに関与した。元治元年（一八六四）七月には、巻き返しをはかって京都に攻めのぼった長州藩を薩摩藩とともに撃退した。

ところが、第一次長州征伐を機に薩摩藩が長州藩との提携に踏み切ったため、薩摩藩との関係は悪化する。そのうえ、薩摩藩が長州再征に反対して征長軍への参加を拒否したことで、会津藩と薩摩藩は京都で一触即発の状況に陥った。

慶応二年六月に開戦となった長州再征が失敗に終わると、将軍の座に就いた慶喜は薩摩藩との融和路線に舵を切ることで幕府の立て直しをはかるが、会津藩は激しく反発した。容保は守護職の辞職を申し出たが、三年五月の四侯会議が慶喜の政治力の前に空中分解すると、流れが変わった。

薩摩藩との関係が悪化したことで、慶喜は守護職を務める会津藩の軍事力をふたたび頼るようになった。そのため、守護職の辞職、つまり帰国を申し出た容保を強く慰留し、辞意を撤回させた。会津藩は京都にとどまり、薩摩藩との軍事衝突の危機が近づいていった。

薩摩藩が長州藩と行動をともにすることを決め、土佐藩と薩土盟約を結んだ慶応三年六月頃の京都の政治情勢はこのようなものであった。

会津藩が小三郎の在京を望んだ理由

小三郎は薩摩藩に加え、福井藩や熊本藩などの雄藩からもその能力が高く評価されるいっぽうで、守護職を務める会津藩も小三郎に期待するところが大きかった。オランダ語書物の調査を依頼したことは第四章で触れたが、それだけではなかった。京都に設立した洋学所の顧問を委嘱しているのだ。

開明派の会津藩士で山本覚馬《かくま》という人物がいる。砲術指南役の家に生まれた山本は会津藩の軍事力を強化するため、貿易港の長崎で最新兵器を買い求めるかたわら、外国人からは西洋の文明や技術を学んだ。

いわば小三郎と同じような道を歩いてきた山本は、会津藩の近代化が立ち遅れていることに強い危機感を持っていた。そこで、在京中の藩士たちが西洋の学問を学べる藩校として洋学所の開設を願い、藩の許可を得た。西洋の学問を学ばせることで、藩士の意識改革をはかろうとしたのである。

西洞院上長者町《にしとういんかみちょうじゃちょう》にあった浄土真宗の寺院が教場に充てられ、蘭学や英学が教授された。その洋学校の顧問として山本がスカウトしたのが小三郎だった。山本自身は西周の塾に通って西洋哲学を学んでいた。小三郎、山本、西は京都で知り合ったのだろう。

小三郎は会津藩士に洋学を教授する洋学所の顧問という顔を持つようになったが、調練の指導もしていた。要するに、対立を深める薩摩・会津両藩に軍事顧問としてスカウトされたのであり、両藩の軍事上の機密を知りうる立場にあったのだ。そして会津藩はそこに注目した。

諸藩は江戸藩邸や京都藩邸に公用方という部局を置くことが多かった。江戸の公用方は留守居役とともに幕府や他藩との折衝役を務めたが、京都の公用方の場合はこれに朝廷との折衝役も加わる。

会津藩が守護職を務めるに際して京都に置いた公用方は折衝役を務めるとともに、容保から諮問をうけた事案を評議したが、藩主からの諮問を待たずに意見を具申することも多かった。というよりも、幕府、朝廷、他藩との折衝役だった公用方が会津藩を代表する形で、幕末の政局を主導していたのである。幕末史を語るうえで会津藩公用方の存在は無視できないのだ。

公用方を動かしていたのは公用人だが、この時期会津藩では公用人の外島機兵衛と諏訪常吉が上田藩に対し、小三郎を当分のあいだ滞京させてほしいとかけあっていた。当時小三郎は会津藩からも依頼を受け、在京藩士に調練を指導していた。病気と称して滞京を続けながら、薩摩藩や会津藩に出入りする小三郎に対して、上田藩は帰国するよう強く求めていたが、これにストップをかけたのである。

会津藩が小三郎の滞京を望んだのは、政敵薩摩藩の内情を探るためであった。守護職を務める会津藩としては、小三郎を介して薩摩藩の内情を知ることができれば、その不穏な動きを抑え込むことが可能となり、幕府の御役に立てる。ひいては、幕府を支える譜代大名上田藩の御役にも立つという論法で、滞京継続を要請したのだ。もちろん在京藩士たちが調練の指導をうけていたことも滞京を望んだ理由だった（『京阪御用状往復留』上田市立博物館蔵。寺島隆史「赤松小三郎関係史料「京阪御用状往復留」（上田藩庁文書）を読む」赤松小三郎研究会講演会講演要旨〈二〇一七年九月一〇日〉）。

上田藩は会津藩からのかけあいに困惑した。京都での権力闘争に藩士が巻き込まれることは望んでいなかったからだ。小三郎は憂国の思いから、幕府や薩摩・福井藩に建白書を提出したわけだが、上田藩としてはこれに危惧の念を抱かざるを得なかった。それまでの幕府政治を否定する内容だった以上、幕府から咎められても仕方がなかったのだ。

この時代、小三郎のような藩の枠を超えた行動は上田藩に限らず、出身藩の忌諱に触れるものだった。御家安泰を何よりも優先させたため、幕府や他藩とのあいだでトラブルに発展するような行動は厳に戒めたのである。

会津藩の要望に応えて、小三郎が薩摩藩の軍事機密などの内情を会津藩に提供すればどうなるか。そんなスパイ行為が発覚すれば、小三郎の身はもちろん、上田藩も薩摩藩から敵視される。京都で薩摩藩と会津藩が一触即発の状態にある以上、戦火に巻き込まれる事態に発展しかねない。上田藩存亡の危機となるのは必至だった。

上田藩としては会津藩からのかけあいをうけいれるわけにはいかなかった。小三郎に対しても、薩摩藩の内情を提供していると疑われるような行為を厳しく禁じたに違いない。

小三郎にしてもそんな意思はなかったが、会津藩からのかけあいが上田藩の危機感を強め、小三郎への帰国の督促は激しさを増していった。

上田藩に対する小三郎の複雑な思い

いっぽう、藩からの要請を拒んで滞京を続けた小三郎は、兄の柔太郎に七月一六日付で書状を送った。冒頭では幕府からの出仕要請を上田藩が断った件について、慨嘆する気持ちが綴られていた。

諦めきれない小三郎は幕府に運動したものの、いったん上田藩からはっきりと断りが入った以上、再度の出仕要請は難しいとの見解だった。幕府内でも上田藩の対応については批判があった。譜代大名であるにもかかわらず、幕府の要請を断るのは何事かという意見が飛び交っていたようだ。

続いて、会津藩が上田藩に小三郎の滞京継続を要請した件が取り上げられた。「一和」、つまり挙国一致を目指して諸藩のあいだを奔走する小三郎のような人物を帰国させてはならないと、上田藩のほか幕府にもかけあったことに触れており、期待を寄せている様子がうかがえる。小三郎が会津藩からのかけあいを活用しながら、滞京を続けた姿も垣間みえる。

ただ小三郎としては、藩から帰国の命が正式に下れば従わざるを得なかった。脱藩の道もあったが、養子に入った赤松家や実家の芦田家が咎めをうける以上、脱藩はできなかった。まだ帰国の厳命が下っていないことを一縷《いちる》の望みとしていた。

書状の後段では、当時の情勢と上田藩が取るべき道が語られていた。

今は諸藩が軍事力をもって権力闘争を有利に進め、政局の主導権を奪取しようとしている時勢である。上田藩は六万石の小藩であり、軍事力で権力を奪い取る力はない。また、なんの策も施していない。となれば、自分としては道理をもって正しい道を進むしかない。具体的には洋学、算術、法律学、兵学、政治学、刑罰学などを藩士たちに広く学ばせ、さらに西洋人を招聘して教育のレベルをアップさせるのである。

小藩の上田藩としては藩士の教育に力を入れることで、来るべき新時代に近代化の先兵として日本のために尽くすべきであると考えたのだ。

三月一〇日付の書状に続けて、養子の話を早く決めることも求めている。小三郎としては養子に赤松家の家督を譲れば、藩に束縛されることなく自由に行動できると考えており、一日も早く養子話を決めてほしかった。隠居の身となれば、帰国命令に従う必要もなくなるからであった。

第二節　内戦回避のため奔走する

長州藩に漏らした西郷の挙兵計画

挙国一致のために奔走する小三郎の思いとは裏腹に、京都の情勢は緊迫の度を深めていった。内戦の危機が迫りつつあった。

薩摩藩は長州藩の政治的復権のため行動をともにすることを決めたいっぽうで、土佐藩の大政奉還路線に相乗りしたが、長州藩ではそんな薩摩藩の動きに違和感を持った。薩摩藩が二股をかけているように感じたのだろう。

そのため、薩摩藩の真意を探るべく、直目付の柏村数馬《かしむらかずま》と御堀耕助《みほりこうすけ》を京都の薩摩藩邸に派遣した。柏村と御堀の二人が京都にいた西郷と対面したのは、八月一四日のことであった。

西郷は二人に対し、政治工作のみでは長州藩の復権は困難であるとして武力をもって実現する決意を伝えた。長州藩の復権を阻む慶喜や会津藩を武力で排除するための具体策として、京都・大坂藩邸にいる薩摩藩兵一〇〇〇人のうち、三分の一をもって天皇のいる御所に向かわせる。三分の一をもって京都守護職の会津藩を急襲し、三分の一をもって幕府兵の屯所を焼き払う。鹿児島からは藩兵三〇〇〇を大坂に向かわせて大坂城を占領し、大坂湾に碇泊する幕府軍艦を破壊する。江戸藩邸の藩兵一〇〇〇余や水戸藩浪士などの同志をもって甲府城に立て籠もり、上方の異変をうけて江戸から上京してくる幕府兵を食い止める。

と、披瀝している。

つまり、御所を取り囲んだうえで、長州藩主父子の官位復旧や減封の取り消しを朝廷の会議で認めさせる。そして、復権を阻んできた幕府や会津藩を叩き潰し、復権を確実なものにするというもくろみだった。

この挙兵計画は西郷ら対幕府強硬派の願望に過ぎなかった。藩内の同意を得たものでも全くなかったが、西郷らとしてはなんとかして長州藩側の不信感を払拭したかったようだ。リップサービスに過ぎなかったであろう。

薩土盟約については、次のように説明している。後藤の話によれば、大政奉還建白書を提出しても幕府が採用する見込みはない。それを潮に土佐藩も薩摩藩とともに立ち上がることになっている。土佐藩が本当にその方針であったかはわからないが、この説明にしても長州藩の不信感を払拭する狙いが込められていた。

ところが、西郷らが長州藩に語った挙兵計画が、薩摩藩の方針として藩内外に漏れていったため、そのことを知った薩摩藩士たちが騒ぎ出した。こうして、挙兵に反対する藩士たちが西郷らの前に立ち塞がることになった。

奇しくも西郷が挙兵計画を漏らした同じ日に、幕府で目付を務める原市之進が攘夷派の手にかかり殺害される。慶喜の信任がたいへん厚かった原は、水戸藩士から幕臣に抜擢された人物で、かつて薩摩藩の家老小松帯刀と親密に交流していた時期があった。だが、原が殺害されたことで、関係が悪化していた幕府と薩摩藩を繋ぐ貴重なラインが断ち切られてしまった。

小三郎はその死を惜しんだ。当時、幕府と薩摩藩の融和のため奔走していた小三郎にとり、原の死は前途に暗い影を落とすものでしかなかった。

「幕薩一和」を目指す小三郎

小三郎は挙国一致の国体の実現を目指していた。幕府や薩摩藩などに具体的な国政改革案を建白したものの、棚晒しの状態に置かれていた。

幕府と薩摩藩に代表される雄藩のあいだでは激しい権力闘争が続いた。政情は極めて不安定で、特に幕府・会津藩と薩摩藩の関係が悪化した。このままでは武力衝突の事態となるのは避けられない情勢だった。内戦の勃発である。

これを憂いた小三郎は薩摩藩や会津藩に出入りする立場を活かすことで、内戦の回避を目指した。その際には幕府内の人脈も駆使した。柔太郎に送った八月一七日付書状では、その様子が次のとおり記されている。

「幕薩一和」の端緒を見出すため幕府と薩摩藩双方に働きかけたが、幕府については会津藩の公用人を介して慶喜の側近である若年寄格の永井尚志、目付の梅沢孫太郎を説き、薩摩藩に関しては西郷と談合した。

小三郎の名前は、先の国政改革の建白書を通して幕府内でも知られていた。慶喜にフランス語をレッスンしていた西周からも、慶喜やその側近にその名は伝えられたことだろう。

いっぽう、薩摩藩首脳部の西郷が対幕府強硬派だったことを小三郎は知っていたはずだ。西郷を説得できれば、薩摩藩も態度を軟化させるのではと考えたに違いない。

その際、両者の軍事衝突を回避するための説得材料としたのが、先に提出した建白書だったはずだが、幕府、薩摩藩双方にとってうけいれがたい内容を含んでいたことはすでに述べたとおりである。それでも、戦争の危機が迫ったことで内戦回避のため、双方が譲歩する可能性があるとみたようだ。この時の書状にも、周旋の見込みがあると書いている。

実は、慶応三年六月に小三郎は会津藩の山本覚馬を西郷に紹介していた。会津藩と薩摩藩の関係悪化を憂いた山本が、家老の小松帯刀や西郷との面談を希望したため、紹介の労を取ったのだ（青山霞村『山本覚馬』同志社）。小三郎と同じく内戦を回避したい思いから、山本は薩摩藩との関係改善に乗り出したものの、現実は難しかったことはその後の歴史が物語っている。

小三郎がこの書状を記した三日前に、西郷は先の挙兵計画を長州藩に伝えていた。小三郎の説得に西郷が応じる見込みはなかったと言わざるを得ない。

書状には藩校に良書を備え、最新兵器を購入し、外国で発行されている新聞から日本や外国の情勢を知ることが急務という記述がある。今は帰国できないが、西洋をモデルに上田藩を近代化させたい切なる思いが滲み出ている。

病身の妻たかを京都に呼び寄せて治療させたいという一節もみられる。家庭内での心労を抱えながら、小三郎は国事に奔走していた。

藩からの帰国の厳命

藩からの帰国要請を拒み続けた小三郎だったが、上田藩はなんとしても帰国させようとしていた。小三郎が内戦回避のため会津藩や薩摩藩、そして慶喜の側近たちにも働きかけるなど、一藩士の分を超えて国事に奔走したことをそれだけ危険視したのである。

八月一七日付の柔太郎宛書状では帰国の件についての記述はなかった。ところが、二〇日付の書状では、やむなく帰国を決意したことが記されている。この書状が柔太郎に送った最後の書状となる。

この時期、小三郎は慶喜に拝謁している。側近の永井や梅沢から小三郎のことを聞いた慶喜が興味を示し、建白書の内容について下問したのだろう。

慶喜に拝謁したことは薩摩藩も把握していた。小三郎が非業の死を遂げる背景にもなったが、このまま滞京させていては出仕要請が幕府からふたたび下るのではと、上田藩が危機感を強めたことは想像に難くない。

藩内で銃隊調練の指導と軍制改革の調査にあたらせるとの理由で先の要請には断りを入れたにもかかわらず、その後半年以上も小三郎は病気と称して滞京を続けた。上田藩がコントロールできない状態になっていたことがわかる。この状況には幕府への手前、上田藩としてはおおいに困惑せざるを得なかった。

小三郎は病気とは言いながら、薩摩藩や会津藩に出入りして調練を指導していた。ならば、幕府に出仕せよと再要請されても仕方がなかった。そのため、病気であろうと、強いて帰国させなければならないということになり、小三郎もついに帰国を承諾したのだ。

上田藩が会津藩から小三郎の滞京継続を要請されたことはすでに述べたが、実は薩摩藩からも同様の要請をうけていた。薩摩藩にしても小三郎は軍事力強化に必要な人材であり、帰国してもらっては不都合だった。

幕府、会津藩、薩摩藩、それぞれの事情で小三郎の滞京継続を望んだが、京都での権力闘争の渦に巻き込まれることを危惧する上田藩としては呑めない話だった。藩内には小三郎の理解者もいたようであり、その配慮もあって今まで帰国の厳命は出されなかったものの、戦争の危機が近付いたことで悠長なことは言っていられなくなった。藩命ということで帰国を承知させたが、小三郎にはそのまま国元で藩の仕事に専念する気はなかった。

二〇日付の書状にも記されているように、いったん帰国したうえでふたたび上京するつもりだったのだ。国元で根回しをしてくれるよう柔太郎に依頼している。

藩士の分を超えることは充分承知していたが、国事への奔走を止めるつもりなどなかった。藩の顔を立てるため、一時帰国するに過ぎなかった。再上京して「幕薩一和」を実現する決意を密かに固めていたが、その思いを果たすことはできなかったのである。

第三節　小三郎の死

「幕奸」と疑われた小三郎

小三郎は京都で兵学塾を開くかたわら、薩摩藩などの雄藩や京都守護職を務める会津藩に軍事教官として出入りしたが、幕府・会津藩と薩摩藩の関係が悪化して内戦の危機が迫るのを座視できなかった。両陣営に出入りする立場を活かして奔走するなかで、いつしか薩摩藩はそんな小三郎に疑念を持ちはじめていた。

会津藩は小三郎を通じて政敵薩摩藩の内情を探ろうとはかったが、当の薩摩藩も小三郎が藩の内情を幕府や会津藩に漏らしているのではと疑うようになったのである。

小三郎は薩摩藩の要請に応えて兵学を教え、英式調練を指導し、『重訂英国歩兵練法』（七編九冊）を翻訳した。小三郎の尽力により薩摩藩の軍事力は質量ともにレベルアップし、島津久光も世界最高級の騎兵銃を下賜することでその功績に報いた。

しかし、軍事力強化への貢献度が大きいほど、小三郎の存在が諸刃の剣となった時のダメージは大きくなる。仮に小三郎が敵に回れば軍事機密が筒抜けになり、薩摩藩にとってこれほど危険なことはなかった。実際、小三郎は会津藩に出入りして調練を指導しており、会津藩が小三郎に期待したことを薩摩藩も想定していたことは想像に難くない。

そうしたなか、小三郎は上田藩の命令に従って帰国することになった。幕府や会津藩との武力衝突が視野に入ってきた情勢下でもあり、薩摩藩は滞京の継続を強く望んだ。帰国してしまえば小三郎の手腕を活用することはできず、その行動を監視することも難しくなるからだ。

いっぽう、身辺調査も開始しており、その結果、小三郎が「幕奸」であるとの結論に達した。幕府が放った「間者」とみなし、薩摩藩の内情を探って幕府に報告しているスパイと断定したのだ。

その根拠は定かではないが、結局のところは薩摩藩の軍事機密に通じたことに加え、幕府や会津藩にも出入りしていたことが仇となったのであろう。それだけ、薩摩藩は軍事機密が幕府や会津藩に漏れることを恐れており、戦争の危機が近づくほど、その警戒心は強まらざるを得なかったのだ。

「幕奸」と断定した小三郎が帰国する以上、その前に手を打たなければならなくなる。帰国してしまえば手が打ちづらくなるからだ。ただし、薩摩藩にとって軍事機密の漏洩を防ぐ方法とは一つしかなかったのである。

薩摩藩士の凶刃にたおれる

薩摩藩士に中村半次郎《はんじろう》という人物がいた。明治に入ると桐野利秋《きりのとしあき》と名乗ったが、当時は薩摩藩で諜報活動にあたっていた。藩内外で情報収集と探索にあたるいっぽうで、薩摩藩の情報が外に漏れないよう目を光らせていた。

桐野たちが小三郎の身辺を調査した結果、幕府が放ったスパイであることは明らかと結論づけた。慶喜に拝謁したことも、スパイと認定する理由になったようだ。そして殺害を実行した時、薩摩藩の首脳部の許可を得たことは言うまでもない。

小三郎は他藩の藩士であるうえに、薩摩藩にとっては島津久光も褒美を与えたほどの功績者だった。桐野だけの判断で実行できる問題ではなく、藩首脳部が許諾を与えたとみるのが自然である。

藩首脳部は薩摩藩を取り巻く現下の情勢を総合的に判断した結果、幕府が放ったスパイとして、帰国してしまう前に小三郎の命を奪うことを決めたのだ。藩の記録にも小三郎を幕府からの間者として打ち果たした旨の記述がみられる。そこでは小三郎を「信州浪人」と記しており、他藩の藩士ではないことが強調されている（鹿児島県維新史料編さん所編『鹿児島県史料 忠義公史料第四巻』）。

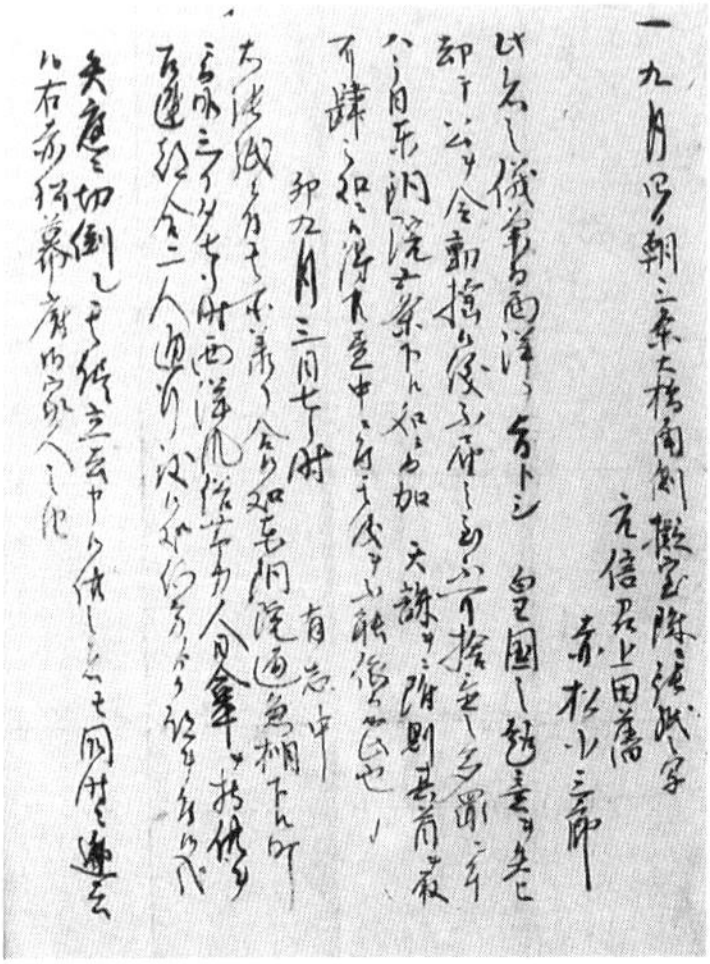

斬奸状（上田市立博物館蔵）

桐野が残した日記などにも、殺害におよんだ時の様子が書き留められている（「京在日記」上田市立博物館編『松平忠固・赤松小三郎――上田にみる近代の夜明け』）。

当日は桐野と田代五郎左衛門が小三郎を尾行し、五条《ごじょう》東《ひがし》洞院《とういん》通《どおり》を下ったところで小三郎を殺害した。時刻は夕七つ時（午後四時）であった。

供を一人連れた総髪《そうはつ》姿の小三郎は舶来の羽織と袴を身につけ、木靴を履いていた。手にはアメリカ仕立ての日傘を持ち、西洋人のような身なりだった。

桐野たちが刀を抜いてきたのをみて、小三郎は刀を抜く前に懐を探って護身用のピストルを取り出そうとしたが、桐野が一太刀浴びせたため倒れ込んでしまった。そこを田代が二の太刀を浴びせた。とどめを刺す形で桐野と田代がもう一太刀ずつ浴びせたため、ついに小三郎は絶命したとされる。連れていた供の者は驚いて逃げ去った。

桐野と田代のほか、小野清右衛門・中島健彦・片岡矢之助の三人が四条烏丸の饅頭屋で待っていた。小三郎を殺害した桐野と田代がやってきて首尾を確認すると、ともに藩邸に戻っている（桐野作人『薩摩の密偵 桐野利秋』）。

　薩摩藩は桐野たちをして小三郎を殺害させた後、下手人は攘夷の志士であることが広まるよう、斬奸状まで作成して三条大橋南側の擬宝珠《ぎぼし》などに張り出した。要するに、小三郎は西洋にかぶれた不届き者であるから天誅を加えたとの趣旨だった。偽装工作までして、薩摩藩が下手人ではないことを示そうとしたのである。

薩摩藩による葬儀と赤松家の断絶

　しかし、小三郎を殺害したのは薩摩藩の仕業であるとの噂は広まっていった。小三郎の塾に藩士を入門させていた諸藩の記録などにも、薩摩藩の仕業との見解が載せられている。薩摩藩の内情を知っていたため殺害されたとの見立てだった。幕府や会津藩、そして上田藩にしても小三郎が薩摩藩に殺害されたことは察していただろう。

　薩摩藩としては、軍事力の強化に貢献してくれた他藩の藩士にスパイの疑いをかけて殺害したわけであるから、後味が悪かったのは言うまでもない。小三郎の教えをうけた藩士たちはなおさらだ。そんな後ろめたい気持ちが藩当局をして偽装工作に走らせた。

　小三郎の葬儀が執りおこなわれたのは三日後の六日のことであった。場所は金戒光明《こんかいこうみょう》寺《じ》だった。当日は在京中の上田藩士のほか、小三郎に学んだ薩摩藩士が四〇名余も参列し、薩摩藩主の名で三〇両もの弔慰金が届けられた。こうした対応からも、薩摩藩の後ろめたい気持ちが読み取れるだろう。

　葬儀後、小三郎の遺体は金戒光明寺に葬られたが、一二月三日には小三郎の教えをうけた薩摩藩士たちにより、その墓碑が建立される。のちには、上田城下の月窓寺《げっそうじ》にも小三郎の遺髪を納めた墓が建立された。

赤松小三郎の墓碑（上田市立博物館撮影）

　妻たかとのあいだに子どもがいなかった小三郎は、養子を迎えることを望んでいた。だが、まだ養子は決まっていなかった。少なくとも藩の許可は下りていなかったため、九月二九日には跡継ぎがいないとの理由で赤松家は断絶となった。

　小三郎の教えをうけた薩摩藩士たちは、幕府が放ったスパイの嫌疑で藩当局が殺害におよんだことは薄々知っていた。そのことに複雑な思いを抱きながら、まもなく京都で起きる大政奉還、そして新政府の誕生という歴史の大転換の時を目の当たりにするのである。

第四節　明治新政府に受け継がれた小三郎の思い

大政奉還

大政奉還も幕府に代わる新政府の誕生もその眼で見ることなく、小三郎は京都で三七年の生涯を終えたが、その後幕府・会津藩と薩摩藩の戦いはどういう結末を迎えたか、また小三郎が建白した国政改革案は陽の目をみたのか。この二点について最後にみていこう。

薩摩藩は土佐藩の大政奉還論に相乗りするいっぽうで、西郷が長州藩に挙兵計画を打ち明けたことで、挙兵をめぐり藩内が分裂状態に陥った。幕府との戦争は藩を存亡の危機に晒すものと危険視した藩士たちのあいだでは、西郷を打ち果たそうという動きもみられたほどだ。藩内が異様な緊張感に包まれるなかで、「幕薩一和」のため奔走した小三郎が「幕奸」として殺害された形である。

この頃、西郷と同じく対幕府強硬派の大久保利通は山口にいた。長州藩主の毛利敬親や藩首脳部と会談を重ね、九月一九日に出兵に関する協定を結んだ。これに広島藩も加わり、薩摩・長州・広島三藩による共同出兵協定が成立したことになる。三藩の軍事力を京都や大坂に集中させることで、慶喜を将軍の座から引きずり下ろそうという計画であった。

土佐藩の大政奉還路線に相乗りしていた西郷たちは挙兵に対する反対運動を抑え込むため、挙兵を即時断行する方針に切り替えていたのである。薩土盟約には慶喜に将軍職辞職を迫る条項があったが、大政奉還を促すことはできても、武力をもって将軍職の辞職を迫ることはできないというのが土佐藩の最終的な結論だったことも大きかった。その結果、薩土盟約は解消され、土佐藩は単独で大政奉還を慶喜に建白する運びとなった。

薩摩藩と土佐藩は別々の道を歩んでいくが、訣別はしなかった。手段は異なったものの、朝廷のもとに新政府の樹立を目指す点では同じであるから、互いに連絡を取り合っていた。土佐藩が薩摩藩の了解を得て、大政奉還建白書を老中首座の板倉勝静に提出したのは一〇月三日のことであった。

いっぽう、西郷たちは藩内の挙兵反対論を抑え込むため、究極の秘策に打って出る。討幕の密勅だ。武力倒幕つまり討幕を正当化するための宣旨《せんじ》（天皇の命令）の発給を密かに願い出て、同一四日に薩摩・長州藩主宛の討幕の密勅（日付は一三日付）が下った。慶喜の討伐を両藩主に命じる宣旨であった。長州藩の復権を阻んでいた京都守護職の容保や京都所司代で伊勢桑名藩主の松平定敬《さだあき》の討伐を命じた沙汰書も、同時に発給された。

西郷たちとしては密勅降下により藩内の出兵反対論を抑え込もうと狙ったが、同じ一四日に土佐藩の建白書をうけた慶喜が朝廷に大政を奉還してしまった。幕府を消滅させることで薩摩藩などから討幕の大義名分を奪って内戦を回避するとともに、政局の主導権を握ろうという政治決断であった。

一五日、慶喜が奏請した大政奉還の上表は勅許された。二四日には将軍職辞職の上表を提出し、慶喜は諸侯の列にみずから降りた。

大政奉還により、朝廷のもとに新政府が樹立される運びとなった。一番のネックだった幕府が消滅したことで、政局の焦点は新政府の主導権を慶喜が握るのか、はたまた薩摩藩などの雄藩が握るのかに移った。

新政府の誕生と戊辰戦争

大政奉還により、京都での開戦の危機は去ったかにみえたが、翌一一月一三日、国元にいた薩摩藩主島津茂久が大兵を率いて、海路上京をはじめた。その途中、周防《すおう》三田尻港で下船して山口に向かった西郷たちは長州藩と協議し、薩摩・長州・広島三藩の共同出兵協定を改めて取り結んだ。三藩の軍事力をもって、大政奉還後の政局の主導権を握ろうとはかったのだ。

同二三日、茂久が京都に入ったことで薩摩藩の在京兵力は二八〇〇人に達した。兵数では京都守護職を務める会津藩とほぼ拮抗した。これに長州藩と広島藩の兵力が加わる。薩摩藩はこの軍事力をもって慶喜や会津・桑名両藩を排除した新政府の樹立を目指したが、薩土盟約の線で挙国一致の政体を目指した土佐藩などは反発した。それでは挙国一致ではないからである。

薩摩藩の在京兵力が増強される前の一一月一五日に、小三郎と同じく京都で坂本龍馬が非業の死を遂げた。龍馬は、策定した「新政府綱領八策」のなかで「上下議政所」の設置を打ち上げている。龍馬の提案も、二院制議会（上院・下院）の設立をうたった薩土盟約の線に沿ったものだった。

しかし、薩摩藩は軍事力を背景に土佐藩だけでなく徳川一門の福井藩や尾張藩も引き込み、一二月九日に慶喜たちを排除した新政府を樹立した。薩摩藩など五藩で御所を囲んで朝廷の会議で新政府の人事を決めたが、そこに慶喜たちの名前はなかった。

発足当時は、総裁・議定《ぎじょう》・参与の三職から構成された組織だった。総裁には有栖川宮《ありすがわのみや》が、議定には山階《やましな》宮・仁和寺《にんなじ》宮のほかに薩摩藩をはじめとする五藩の藩主クラスなど、参与には藩士などが充てられた。

朝敵とされてきた長州藩に対しては藩主の官位を復旧させ、京都に入ることも許可した。これにより朝敵の烙印《らくいん》が取り払われ、ようやく長州藩は念願の政治的復権を果たした。

新政府が誕生して王政復古とはなったものの、排除された慶喜や会津・桑名両藩は当然ながら猛反発した。双方のあいだで激しい外交戦が繰り広げられたが、結局は戦争で決着がつけられた。

翌慶応四年一月三日、京都南郊の鳥羽・伏見で双方は激突し、戊辰戦争の幕開けを告げる鳥羽・伏見の戦いがはじまる。新政府側では薩摩・長州両藩だけが京都へ進撃する旧幕府軍や会津・桑名両藩と戦火を交えたが、よく知られているように兵数に劣る薩長両藩の兵が勝利し、慶喜は朝敵に転落した。

薩長両藩の兵といっても、その過半は薩摩藩兵だった。小三郎が手塩にかけて育成した陸軍部隊の精強ぶりが実戦で証明された形だ。

その後一年半近く続いた戊辰戦争でも、薩摩藩は新政府軍の主力として全国各地で転戦し、勝利に大きく貢献したのである。

導入された議会制度

慶喜たちを排除したことで、朝廷のもとに樹立された新政府は挙国一致の政体ではなくなってしまうが、公議・公論を国政に反映させる方針自体は維持された。

同年三月一四日、京都では天皇が公家や諸大名を従え、天地神明に誓う形で五項目にわたる政治理念を宣言した。いわゆる五箇条の御誓文だが、その第一条目は「広ク会議ヲ興シ万機公論ニ決スベシ」であった。

閏四月二一日には、新政府から政体書が発せられる。それまでの総裁・議定・参与の三職に加えて、西洋の三権分立の考え方に則り、議政官《ぎせいかん》・行政官・会計官・刑法官・軍務官・外国官・神祇官の七官が創設された。

立法府にあたるのは議政官である。行政府にあたるのが行政官・会計官・軍務官・外国官・神祇官の五官、司法府にあたるのが刑法官であった。各官には知事・副知事・判事が置かれ、知事・副知事には公卿や大名が任命されたが、判事以下は公家や藩士が登用された。

議会にあたる議政官は上局と下局から構成されており、ここに曲がりなりにも二院制議会が誕生した。上局は議定や参与を務める大名や公家、下局では諸藩から推薦された貢士が議員を務めた。のちに貢士は公務人そして公議人と改称され、藩の代表者として藩の意見（藩論）を議場で展開した。まさに公論であった。

のちの国会に比べれば不充分さは免れないが、まずは議政官という形で公議・公論が国政に反映される議会制度が導入されたのである。その際には、小三郎の建白書や薩土盟約に盛り込まれた政体案などが参考にされたのは言うまでもないだろう。

翌明治二年（一八六九）三月には、各藩推薦の公議人約二七〇人が意見を述べる場として、議政官下局に代わり公議所が東京の旧姫路藩邸に設置された。議長は日向高鍋《たかなべ》藩世子の秋月種樹《あきづきたねたつ》であり、議政官下局議長からの横滑りだった。諮問した内政・外交に関する事案を公議所が審議・答申することを政府は想定していたが、諮問をうけずとも事案を審議し、その結果を天皇に奏上するよう求めることも少なくなかった。ただし、その大部分は実際に上奏されることはなかった。

同年七月八日の官制改革により、公議所は廃止されて集議院が創設された。引き続き公議人が出席し、政府の諮問をうけて藩論が展開された。議会制度は徐々に根付きつつあったが、それは赤松小三郎らの尊い犠牲の上に成り立っていたものなのである。

エピローグ——赤松小三郎の遺産

本書は、大政奉還を目前にして非業の死を遂げた上田藩士赤松小三郎の生涯を追うことで、幕末史では注目されてこなかった幕末の先覚者が目指したものを解き明かした。以下、本書で明らかにした小三郎の生涯を振り返ってみたい。

天保二年（一八三一）に、小三郎は上田藩の下級藩士芦田家の次男として生まれた。上田藩松平家は五万三〇〇〇石の小藩ながら老中など幕府の要職に就任できる譜代大名であったが、小三郎の実家芦田家も養子に入った赤松家も家禄はわずか一〇石余に過ぎなかった。

小禄の身では立身出世が難しかったため、学問で身を立てようと志した小三郎は勉学に励み、その成果が藩から認められて江戸で学ぶことが許された。和算家で幕臣の内田五観の塾では数学など理系の学問に加えて蘭学を学び、オランダ語の読み書きができるようになった。さらに砲術や西洋兵学に詳しい幕臣の下曾根信敦の塾にも入門することで、洋学者に加えて兵学者への道も歩みはじめることになる。

幕府・藩を問わず、ペリー来航を契機に軍事力の強化が求められた時節でもあり、藩は小三郎の能力に期待をかけて江戸再遊学を許したが、この時に幕臣の勝海舟の塾に入門している。折しも、長崎に幕府の海軍伝習所が創設されて海軍士官の養成が開始され、勝は長崎で海軍を学ぶよう命じられた。伝習所で海軍を学べるのは原則として幕臣だったが、安政二年（一八五五）に小三郎は上田藩の承認のもと、勝の従者に化けることで員外聴講生として伝習することを許された。

三年余にわたり長崎に滞在した小三郎は海軍はもとより、オランダ人から西洋の最新知識を学んだ。オランダ語の修得にもプラスとなり、小銃の仕組みや銃隊の教練法を解説したオランダ兵学書を翻訳刊行したが、売れ行きは良くなかった。

海軍伝習所が閉鎖されて小三郎たちが江戸に戻った後、咸臨丸がアメリカに派遣されることになる。勝をはじめ伝習所で学んだ者たちが乗船したが、小三郎はその選に漏れてしまう。失意のまま帰国するが、そのいっぽう、同じく藩士の身分ながらも咸臨丸に乗船できた福沢諭吉はチャンスを活かし、西洋の最新知識を実地で修得することになる。

帰国した小三郎が悶々とした日々を送るなか、安政七年（一八六〇）の桜田門外の変で大老井伊直弼が殺害されたことを機に幕府の権威は失墜する。政局の舞台も江戸から京都へと移った。従来は幕政に関与することが許されなかった薩摩藩や長州藩など有力外様大名は政局の転換を好機として、国政進出を目指して京都に向かう。朝廷の権威をバックに幕府を追い詰めていく。

上田藩も時局の悪化をうけて軍制改革を進める。その最前線に立つ小三郎も藩士たちに洋式調練を指導し、最新兵器の購入にもあたったが、藩内は危機感が薄いと小三郎の目には映っていた。

文久三年（一八六三）には藩当局に宛てて、そんな現状を憂う意見書を作成している。この年、薩摩藩や長州藩は欧米列強と戦火を交えていた。尊王攘夷運動の高まりを背景に国内も戦乱の世に突入しており、元治元年（一八六四）には京都でも禁門の変と呼ばれる戦争が勃発する。

幕府は禁門の変の敗北により朝敵に転落した長州藩を追討するため、征長軍を組織する（第一次長州征伐）。上田藩にも動員がかかり、小三郎はその準備にあたるため開港地横浜で武器弾薬の調達に奔走したが、藩の公務に従事するかたわら、イギリス公使館付の武官アプリンを通じて英語や英式兵制を学んだ。横浜にはイギリス軍が駐屯していたことも、その修得にはプラスとなった。

福沢のような洋行経験がなかった小三郎にとり、イギリス軍人と直接話す機会を持てたことは、軍事知識はもちろんのこと、西洋社会に関する知識を深められる貴重な機会となった。また、西洋をモデルにした政体構想を提起する礎ともなった。

幕府にせよ藩にせよ、従来はオランダをモデルに兵制改革を進めていたが、イギリスが世界の覇権を握る強国であることが知れ渡ると英式兵制を導入する藩が多くなる。小三郎は師匠の下曾根の依頼をうけてイギリス陸軍の「歩兵操典」を翻訳し、慶応二年（一八六六）三月に『英国歩兵練法』（五編八冊）を刊行する。長州再征（第二次長州征伐）に動員された上田藩の軍列に加わるなかの翻訳だったが、英式兵制を導入する藩が増えていたこともあり、小三郎の名前は一躍知られるようになる。

幕府が長州再征で敗色濃厚となったことをうけ、小三郎は同年八月と九月に、幕府と上田藩に非常時であるとして破格の改正を求める建白書をそれぞれ提出した。このなかで家格や禄高には縛られない能力に応じた人材の登用が富国強兵には必要と訴えた。これ以降、国事に奔走するため、以後国元に戻ることはなかった。上田藩士の分を超えて国事に奔走したいという大望を抱いたことで、上田藩がコントロールできない存在となっていく。政局の舞台となった京都で兵学塾を開くかたわら、他藩の依頼に応えて英式兵制に基づく調練を指導した。

特に英式兵制で軍事力強化をはかっていた薩摩藩は小三郎に注目し、藩邸内に創設した兵学塾への出講を依頼した。英式調練の指導も依頼し、薩摩藩の軍事力は質量ともにレベルアップするが、その裏付けとなったのが小三郎に翻訳させた『重訂英国歩兵練法』（七編九冊）であった。

そうした折、下曾根は小三郎を幕府に出仕させ、その能力を活かそうと考える。小三郎にとっては願ってもない話だったが、慶応二年一二月に上田藩は銃隊調練の指導と軍制改革の調査にあたらせたいとして、幕府からの出仕要請を固辞してしまう。幕府としても、当時の習いから、上田藩の意向を無視してまで出仕させることは難しかった。上田藩は断りを入れた幕府への手前、帰国を求めるが、小三郎は病気の治療中と称して滞京を続けた。

翌三年（一八六七）五月にかけて、京都では薩摩藩の仕掛けによる四侯会議が開かれた。国政進出を目指す雄藩を代表する薩摩・福井・土佐・宇和島藩の四侯が京都に集結し、国政の決定権を将軍から諸侯会議に移すことを時の将軍徳川慶喜に迫る狙いが秘められていた。それは幕府に代わる新政体への移行を意味しており、国政改革に他ならなかった。

薩摩藩に出入りしていた小三郎はそうした狙いを見越し、議会制度の導入により公議・公論を国政に反映させる公議政体案を慶喜や四侯のうち島津久光、松平春嶽に建白した。その立案にあたっては、福沢のベストセラー『西洋事情』を参考にしている。『西洋事情』には、アメリカの二院制議会の実態がわかりやすく紹介されていた。

小三郎としては、自分の政体構想が慶喜や四侯のあいだで議論され、念願する議会政治への道筋が開かれることを望んだが、もくろみ通りにはいかなかった。そして、慶喜の政治力の前に国政の決定権を諸侯会議に移行させる意図は頓挫し、薩摩藩が実現を目指した長州藩の政治的復権も果たせなかった。

これに反発した薩摩藩は長州藩との連携のもと、慶喜から将軍職を剝奪して諸侯の列に降ろすことを決意した。そのためには武力行使も辞さない構えだったが、土佐藩の大政奉還路線にも相乗りする。自主的に将軍から諸侯の列に降りるよう慶喜に促すことで、議会制度を導入した公議政体の実現を目指す路線であり、いずれの路線も幕府を消滅させて朝廷のもとに新政体を樹立することを目的としていた。

いずれの手法を取るにせよ、幕府消滅を見据えた動きである以上、政局は緊迫度を増す。特に幕府・会津藩と薩摩藩の関係が悪化し、武力衝突の事態に発展するのは避けられない情勢だった。これを憂いた小三郎は、会津藩にも調練指導のため出入りしていた立場を活かすことで内戦の回避を目指す。

そのための説得材料として活用しようとしたのが、先に提出した建白書であった。小三郎は会津藩を介して慶喜の側近たちを説くいっぽうで、薩摩藩の西郷隆盛と談合を持つ。

しかし、薩摩藩はそんな小三郎に疑念を持ちはじめる。会津藩は小三郎を通じて薩摩藩の内情を探ろうとはかっていたが、当の薩摩藩も藩の内情を幕府や会津藩に漏らしているのではと疑う。薩摩藩の軍事機密を熟知するうえに幕府や会津藩にも出入りしていたことが仇となり、薩摩藩は小三郎を幕府が放ったスパイと断定する。戦争の危機が近づいており、軍事機密が幕府や会津藩に漏れることを非常に恐れていた。

小三郎がその政治行動を危険視する上田藩の命令に抗しきれずに帰国を決意すると、その前に手を打つ。薩摩藩は帰国直前の慶応三年九月三日、攘夷の志士による天誅に偽装して小三郎を殺害した。

大政奉還にも新政府の樹立にも立ち会うことなく、小三郎は短い生涯を終える。だが、建白書という形で蒔いた種は明治新政府が二院制議会を導入するきっかけの一つとなった。軍事面のみならず、小三郎は来るべき新時代を見据えて、日本の近代化に向けてのグランドデザインを遺したのである。

議会政治の提唱者として注目を浴びる幕末の先覚者赤松小三郎については、小三郎の故郷である長野県上田市で赤松小三郎顕彰会、都内では上田高等学校関東同窓会内の組織である赤松小三郎研究会が啓蒙・研究活動を活発に展開している。令和三年（二〇二一）一二月一二日に赤松小三郎研究会の招きをうけ、「赤松小三郎と勝海舟」というタイトルで講演したが、その時の質疑応答も踏まえたうえで小三郎の生涯を考察したのが本書である。

幕末史において、赤松小三郎の動向には最近とみに注目が集まっている。小三郎の生涯を知るうえでの貴重な遺品類が地元の上田市立博物館で展示されていることも、その関心を増幅させている。本書が多くの方々の眼に触れ、さらなる関心が高まることへの一助となれば幸いである。

本書執筆にあたっては平凡社新書編集部の進藤倫太郎氏の御世話になりました。末尾ながら、深く感謝いたします。

二〇二二年七月

安藤優一郎

赤松小三郎関係年表

年代	年齢	事項
天保2年（1831）	1歳	4月4日、上田藩士芦田勘兵衛次男として上田城下に生まれる
天保13年（1842）	12歳	藩校文武学校に通いはじめる
嘉永元年（1848）	18歳	江戸に出府。数学者内田五観に入門
嘉永5年（1852）	22歳	兵学者の幕臣下曾根信敦（金三郎）に入門
嘉永6年（1853）	23歳	6月3日、ペリー、浦賀来航。秋に帰国。数学助教兼操練世話役となる
嘉永7年（1854）／安政元年	24歳	3月3日、日米和親条約締結。春、藩士赤松家に養子入りが決まる。この年、ふたたび江戸に出府。幕臣勝海舟に入門
安政2年（1855）	25歳	10月20日、勝の従者として長崎に到着。長崎海軍伝習所の員外聴講生となる
安政5年（1858）	28歳	オランダの兵書『矢ごろのかね小銃彀率』を翻訳出版
安政6年（1859）	29歳	4月、長崎海軍伝習所閉鎖により江戸に戻る
安政7年（1860）／万延元年	30歳	1月13日、咸臨丸、アメリカに向けて出帆。3月3日、桜田門外の変。3月、赤松家を相続
万延2年（1861）／文久元年	31歳	1月、数学測量世話を命じられる

文久2年（1862）	32歳	7月、調練調方御用掛となる
文久3年（1863）	33歳	1月、砲術道具製作御掛となる。春、松代藩士白石久左衛門の娘たかと結婚。5月10日、長州藩、外国船を砲撃。7月2日、薩英戦争。8月18日、京都で文久三年八月一八日の政変。この年、藩政改革の意見書を提出か
文久4年／元治元年（1864）	34歳	6月5日、池田屋事件。7月19日、禁門の変。7月23日、長州藩追討の勅命。9月17日、上田藩の従軍にともない、武器購入の公務で江戸に向かう。11月4日、イギリス公使館付武官で騎兵大尉のアプリンと横浜で対面。以後、頻繁に横浜に通う。12月27日、征長軍解兵
元治2年／慶応元年（1865）	35歳	4月19日、長州再征と将軍家茂の進発の布告。閏5月15日、上田藩の軍列に加わり、大坂に到着。夏、『英国歩兵練法』第一編の翻訳終了。冬、全編翻訳
慶応2年（1866）	36歳	1月22日、薩長盟約。3月、『英国歩兵練法』刊行。4月、実父芦田勘兵衛病死。6月7日、征長軍、長州藩と開戦。7月20日、家茂が大坂城で病没。8月21日、朝廷より休戦の沙汰書。8月、幕府に長州再征を批判する建白書提出。9月、藩主に建白書提出。以後、京都に滞在し、兵学塾を開く。薩摩藩などに出入りして調練指導にあたる。12月5日、慶喜が将軍となる。12月25日、孝明天皇崩御。12月、幕府から開成所への出仕を要請されるが、上田藩が固辞。冬に福沢諭吉著『西洋事情』初編刊行

慶応3年（1867）	37歳	5月、島津久光たち四侯が上京（四侯会議）。幕府、薩摩、福井藩に建白書を提出。『重訂英国歩兵練法』刊行。6月22日、薩土盟約（9月初、解消）。8月14日、西郷隆盛、長州藩に挙兵計画を打ち明ける。9月3日、薩摩藩士桐野利秋ほか1名により殺害される。10月3日、土佐藩、大政奉還建白書提出。10月14日、大政奉還。11月15日、坂本龍馬暗殺。11月23日、薩摩藩主島津茂久率兵上京。12月9日、新政府誕生
慶応4年（1868）／明治元年		1月3日、鳥羽伏見の戦い。1月7日、朝廷、慶喜追討令を下す。2月15日、東征大総督有栖川宮、京都進発。3月14日、五箇条の御誓文発布。江戸城総攻撃中止。4月11日、江戸無血開城。閏4月21日、新政府、議政官を設置
明治2年（1869）		3月、公議所を設置。7月8日、公議所が廃止されて集議院が設置される

参考文献

青山霞村『山本覚馬』同志社、一九二八年
青山忠正「慶応三年一二月九日の政変」『講座明治維新第二巻　幕末政治と社会変動』有志舎、二〇一一年
赤松小三郎顕彰会『赤松小三郎実録――赤松小三郎顕彰会創立一〇周年記念誌』赤松小三郎顕彰会、二〇一三年
安藤優一郎『越前福井藩主松平春嶽――明治維新を目指した徳川一門』平凡社新書982、二〇二一年
同『将軍家御典医の娘が語る江戸の面影』平凡社新書419、二〇〇八年
同『島津久光の明治維新――西郷隆盛の〝敵〟であり続けた男の真実』イースト・プレス、二〇一七年
家近良樹『西郷隆盛――人を相手にせず、天を相手にせよ』ミネルヴァ書房、二〇一七年
岩下哲典「赤松小三郎と坂本龍馬の国家思想とその死について」『学海　総合文化研究所所報』(六)、二〇二〇年三月
上田市立博物館編『松平忠固・赤松小三郎――上田にみる近代の夜明け』上田市立博物館、一九九四年
同『赤松小三郎　松平忠厚――維新変革前後　異才二人の生涯』上田市立博物館、二〇〇〇年

鹿児島県維新史料編さん所編『鹿児島県史料 忠義公史料第四巻』一九七七年
鹿児島県歴史資料センター黎明館編「数件御改正之儀奉申上候口上書」『鹿児島県史料 玉里島津家史料五』鹿児島県、一九九六年
桐野作人『薩摩の密偵 桐野利秋――「人斬り半次郎」の真実』NHK出版新書、二〇一八年
小林利通「赤松小三郎――議会政治の先唱者」『維新の信州人』信濃毎日新聞社、一九七四年
佐々木克『幕末政治と薩摩藩』吉川弘文館、二〇〇四年
柴崎新一・信濃教育会『赤松小三郎先生』信濃毎日新聞社、一九三九年（復刻版・赤松小三郎顕彰会編、二〇一五年）
清水多吉『西周――兵馬の権はいずこにありや』ミネルヴァ書房、二〇一〇年
関良基「赤松小三郎と銃」『銃砲史研究』第三八九号、二〇二〇年
同『赤松小三郎ともう一つの明治維新――テロに葬られた立憲主義の夢』作品社、二〇一六年
同『日本を開国させた男、松平忠固――近代日本の礎を築いた老中』作品社、二〇二〇年
知野文哉『「坂本龍馬」の誕生――船中八策と坂崎紫瀾』人文書院、二〇一三年
東郷えりか『埋もれた歴史――幕末横浜で西洋馬術を学んだ上田藩士を追って』パレード、二〇二〇年
平山洋『福澤諭吉――文明の政治には六つの要訣あり』ミネルヴァ書房、二〇〇八年
同『「福沢諭吉」とは誰か――先祖考から社説真偽判定まで』ミネルヴァ書房、二〇一七年
藤井哲博『長崎海軍伝習所』中公新書１０２４、一九九一年
町田明広『新説 坂本龍馬』集英社インターナショナル新書、二〇一九年
松浦玲『勝海舟』筑摩書房、二〇一〇年

三谷博『維新史再考――公議・王政から集権・脱身分化へ』NHKブックス、二〇一七年
山崎有恒「公議所・集議院の設立と「公議」思想」『講座明治維新第三巻 維新政権の創設』有志舎、二〇一一年

【著者】
安藤優一郎（あんどう ゆういちろう）
1965年千葉県生まれ。早稲田大学教育学部卒業、同大学大学院文学研究科博士後期課程満期退学。文学博士。JR東日本「大人の休日倶楽部」など生涯学習講座の講師を務める。主な著書に『明治維新――隠された真実』『河井継之助――近代日本を先取りした改革者』『お殿様の定年後』（以上、日本経済新聞出版）、『幕末の志士 渋沢栄一』（MdN 新書）、『渋沢栄一と勝海舟――幕末・明治がわかる！ 慶喜をめぐる二人の暗闘』（朝日新書）、『将軍家御典医の娘が語る江戸の面影』『大江戸お寺繁昌記』『越前福井藩主松平春嶽――明治維新を目指した徳川一門』（以上、平凡社新書）などがある。

平凡社新書１０１０

幕末の先覚者 赤松小三郎
議会政治を提唱した兵学者

発行日――2022年8月10日　初版第1刷

著者――安藤優一郎
発行者――下中美都
発行所――株式会社平凡社
〒101-0051　東京都千代田区神田神保町3-29
電話　(03) 3230-6580［編集］
　　　(03) 3230-6573［営業］
印刷・製本―株式会社東京印書館
ＤＴＰ――株式会社平凡社地図出版
装幀――菊地信義

ISBN978-4-582-86010-8
平凡社ホームページ　https://www.heibonsha.co.jp/